VER E OUVIR

Aloysio Niemeyer Filho

VER E OUVIR

EDITORA UnB

Direitos exclusivos para esta edição:
EDITORA UNIVERSIDADE DE BRASÍLIA
SCS Q. 02 – Bloco C – Nº 78 – Ed. OK – 2º andar
70300-500 – Brasília-DF
Fone: (061) 226-6874 – Fax: (061) 225-5611

Impresso no Brasil

SUPERVISÃO EDITORIAL
AIRTON LUGARINHO

EDITOR
MARCELO CARVALHO DE OLIVEIRA

PREPARAÇÃO DE ORIGINAIS
LETÍCIA SOBREIRA E YANA PALANKOF

REVISÃO
FATIMA REJANE DE MENESES E YANA PALANKOF

EDITORAÇÃO ELETRÔNICA
FERNANDO LUIS OLIVEIRA BRANDÃO

CAPA
MAURÍCIO BORGES

SUPERVISÃO GRÁFICA
ELMANO RODRIGUES PINHEIRO

ISBN: 85-230-0450-5

Ficha catalográfica elaborada pela Biblioteca Central
da Universidade de Brasília

N672 Niemeyer Filho, Aloysio
Ver e ouvir / Aloysio Niemeyer Filho. — Brasília : Editora Universidade de Brasília, 1997.
186 p. : il.

1. Produção de vídeo. I. Título

CDU 654.197
621.397.48

AGRADECIMENTOS ESPECIAIS

Ao amigo Paulo César Martins da Silva, artista gráfico, pelas ilustrações técnicas; a Aloysio Niemeyer, meu pai, pela primeira revisão e correção dos originais; ao desenhista e cartunista Estevão (Tevo) pelas fotos e ilustrações; a todos os alunos e amigos que me deram a maior força para começar; a Analice, minha esposa, por decifrar e datilografar meus manuscritos, pelo carinho, apoio e incentivo à realização deste trabalho.

Obrigado a todos.

Dedico este trabalho a Ana Cláudia e a Rafael, meus filhos, retribuindo o carinho, a compreensão e a tolerância que me dedicaram enquanto escrevia.

SUMÁRIO

CAPÍTULO V
A FITA E A MONTAGEM DO FILME, **105**

CAPÍTULO VI
O ROTEIRO, **125**

INTRODUÇÃO

COMEÇANDO A VER E OUVIR

O interesse por vídeo e cinema, os diversos cursos oferecidos e a assessoria dada aos que nos consultam nos levaram à pesquisa e à leitura de muitos trabalhos sobre o tema. Deparamos, na maior parte desses trabalhos, com uma linguagem pretensamente técnica e, às vezes, muito repetitiva.

Sobre a parte prática da arte de fazer cinema e vídeo, pouca coisa encontramos. Em relação à história, assim como à estética, tudo o que foi encontrado está colocado de forma muito filosófica, elitizada, bastante complicada e, portanto, inacessível para muita gente, levando, às vezes, ao desânimo quem consulta essas fontes.

Esforçamo-nos, no presente trabalho, por uma explanação simples e clara, mantendo um mínimo de rigor técnico condizente com nossos objetivos. Pensamos que o principal pode ser mostrado sucintamente, despertando e interessando o leitor na bonita arte de fazer cinema e vídeo.

Encontramos livros que tratavam apenas de roteiro, outros, só de iluminação, outros que se restringiam apenas a mostrar consertos e reparos em videocassete e, ainda, outros só sobre a câmera. Resolvemos, então, reunir num só trabalho, de forma objetiva, o que estava disperso e separado na literatura de vídeo, pretendendo com isso possibilitar ao leitor o exercício de uma atividade que pode, com certeza, unir o útil ao agradável.

Por ter sido o cinema de película o começo de tudo, o tema vídeo, propriamente dito, esteve muito tempo no nível de pequenas citações — aqui e ali, esporadicamente. Hoje, indubitavelmente, amador ou profissional, é o vídeo que predomina no mundo todo. Por isso, escrevemos um histórico para cada modalidade, guardadas as devidas proporções entre cada uma.

O presente trabalho pretende ressaltar a importância da ordenação lógica e, nesse sentido, propõe mudanças. Consideramos, por exemplo, imprópria a exposição de técnicas de filmagem sem que antes se conheçam todas as funções das teclas e dos terminais da filmadora. Esse tipo de seqüência, sem a explicação gradativa, gera muitas dúvidas. Assim, como ensinar a editar sem antes transmitir a forma correta de cabeação, a nomenclatura e o uso correto das funções dos vídeos usados na operação? Chegamos a tais conclusões devido às perguntas das pessoas que vêm a nós e às dos nossos alunos.

Alguém poderá questionar a razão de termos deixado a parte referente ao roteiro para o final do livro. Normalmente, o roteiro precede qualquer trabalho de filmagem, mas devemos atentar para uma particularidade: nossa clientela visa muito mais à aplicação dos conhecimentos adquiridos em eventos familiares, passeios, festas de amigos, sem pretensões de profissionalismo ou de se fazer um longa-metragem. Poucos são os que se aventuram a entrar para a comunidade do cinema, mesmo porque os investimentos iniciais nesta área espantam a grande maioria.

Podemos afirmar, com absoluta certeza, que a experiência, a prática profissional e a aplicação da seqüência por nós preconizada em nossos cursos de vídeo determinaram o estilo deste trabalho.

Reiteramos nossos propósitos de objetividade e aconselhamos atenção na análise e na observação das fotos e ilustrações, pois elas servem de base para muitas variantes. Existe uma grande diferença entre uma imagem estática e uma imagem em movimento. Fotografia e vídeo são duas linguagens distintas, colocadas em contexto próprio, e que produzem resultados diferentes.

Leia, releia, se for preciso, e pratique muito, com certeza você tirará bastante proveito.

Agora, prossiga na leitura, aprofunde-se no assunto e, depois, filmadora na mão e mãos à obra!

A PRIMEIRA HISTÓRIA

O CINEMA

O cinema surgiu da fotografia. E a fotografia surgiu da necessidade de se gravar uma imagem em alguma coisa em que se pudesse vê-la e guardá-la.

As câmaras escuras foram as primeiras tentativas neste sentido. Numa caixa escura (o suficiente para caber alguém dentro), abria-se um pequeno orifício na parede e a luz refletida no seu interior, na parede oposta à do furo, dava a imagem invertida que era então desenhada pela pessoa que estivesse dentro da caixa. Essa imagem tinha de ser riscada em todos os seus contornos e, depois, era mostrada de forma correta.

JOSEPH NICÉPHORE NIEPCE (1765-1833), chamado o "pai da fotografia", foi quem inventou e usou a caixa escura. Só que, em vez do desenho da figura, Niepce experimentou sensibilizar a imagem refletida em uma chapa de estanho, coberta de asfalto. A caixa (câmara escura) já prenunciava o que viria a ser futuramente a câmera fotográfica dos nossos dias, e a abertura para a entrada da luz já prenunciava a lente objetiva.

Niepce, com esses experimentos na câmara escura, assentou as bases da heliogravura, ou gravura feita pelo Sol. Conseguiu com isso, e pela primeira vez no mundo, fixar imagens numa chapa metálica por meio de reações fotoquímicas em sua superfície.

LOUIS JACQUES M. DAGUERRE (1789-1851) aperfeiçoou o processo de Niepce e diminuiu o tempo de exposição da chapa. Daguerre descobriu meios de tornar a chapa mais rapidamente sensível à luz e de obter imagens notadamente mais nítidas. O nome dessa descoberta ficou sendo daguerreótipo. A partir daí vieram outros inventores, descobrindo e aperfeiçoando artifícios para uma sempre melhor impressão de imagens. Chegamos finalmente ao americano George Eastman que, em 1889, inventou, generalizou e difundiu o uso do filme enrolado em bobinas e que, até hoje, é mundialmente usado.

Fig. 1 – Fotografia tirada com um daguerreótipo.

Fig. 2 – Um daguerreótipo onde o objeto era focalizado por um orifício atrás da câmera. Levantava-se rapidamente a tampa para a entrada da luz pelo orifício.

Mexendo com as imagens

Quem verdadeiramente e em primeiro lugar colocou as imagens em movimento foi Thomas Alva Edison; seu invento, porém, proporcionava a visão a apenas um espectador de cada vez. Edison pensava em colocar seu invento em uma sala para ser visto por uma platéia. Só que a essa idéia já se adiantavam os irmãos Lumière, na França, ficando assim para eles a glória e a fama de inventores do cinema.

Auguste e Louis Lumière eram empresários e donos de uma indústria de papel fotográfico. Eles inventaram e rapidamente patentearam um simples aparelho de projeção ao qual deram o nome de cinematógrafo. Estava então descoberto o projetor de filmes. A projeção de filmes cinematográficos começou com os filmes mudos (sem trilha de áudio). Mais tarde, entrou a projeção sonora. Daí, desenvolveram-se as películas (fitas) de 35 mm, 16 mm e 8 mm. O 8 mm (super 8) popularizou-se por causa das suas filmadoras, práticas e compactas.

Hoje em dia, com a penetração total e a facilidade do videocassete, as películas 16 mm e 18 mm ficaram obsoletas e saíram totalmente do mercado. Ainda permanece a película de

35 mm por causa dos cineastas-produtores, que realizam seus filmes para festivais de cinema. Esses filmes só podem ser passados em salas de circuitos comerciais de projeção — as nossas conhecidas salas de cinema.

Fig. 3 – O cinematógrafo, com um dos irmão Lumière, projetando um filme.

Fig. 3a – Anúncio da exibição de um filme dos irmãos Lumière, em um cinema aberto por eles, no porão de um café de Paris, em 1895.

A persistência retiniana

O olho humano recebe a luz que passa pela córnea, que é transparente, produzindo-se uma imagem invertida sobre a retina. O cérebro humano, então, recebe esta imagem invertida, codificando-a e colocando-a na posição normal.

Qualquer estímulo luminoso na retina permanece aproximadamente 1/10 de segundo. Quando outra imagem chega à retina, antes que a primeira imagem se dissolva, nosso cérebro passa a receber duas imagens sobrepostas.

O fenômeno da "persistência retiniana" é o responsável pela ilusão de ótica que nos permite ver cinema.

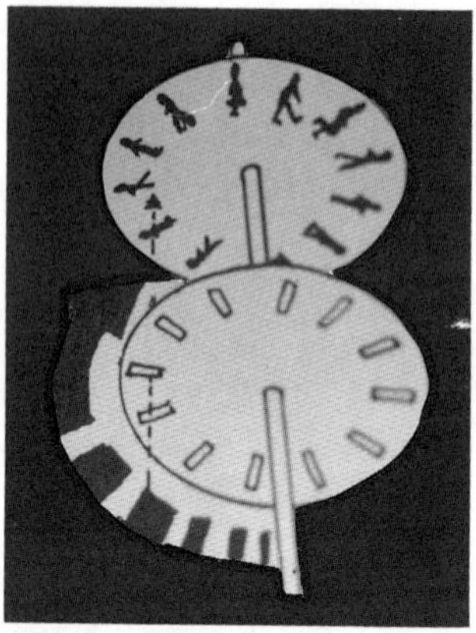

Figs. 4 e 4a – O movimento dos discos gera a persistência retiniana, fazendo com que as figuras se movimentem.

O cinema 35 mm em relação ao vídeo

VANTAGENS	DESVANTAGENS
• Melhor qualidade de imagem	• Custo elevado na produção e revelação
• Sala de projeção	• Revelação e edição feitas mecanicamente
• Preservação e conservação a longo prazo	• Vários carretéis de fita

O videocassete em relação ao cinema 35 mm

VANTAGENS	DESVANTAGENS
• Comodidade	• Qualidade de imagem inferior ao cinema de 35 mm
• Conforto	• Não dá para assistir numa sala de proporções como a do cinema

VANTAGENS	DESVANTAGENS
• Fácil manuseio	• Preservação do filme na fita por, no máximo, sete anos
• Edição eletrônica	
• Possibilidade de se corrigir e apagar o erro na hora	
• Várias reproduções na mesma fita (apagando a anterior)	
• Fita de até duas horas de gravação	
• Imagem e som podem ser gravados ao mesmo tempo	

A SEGUNDA HISTÓRIA

O VÍDEO

Os VCRs (*video cassette recorder*) surgiram em 1955 pela necessidade de a indústria televisiva gravar seus programas. Antes dos videocassetes, as novelas e os programas de auditório eram transmitidos ao vivo, ou seja, necessitava-se da presença de todo o pessoal para filmar na mesma hora em que o evento acontecia. Se, por exemplo, a novela fosse às oito da noite, lá tinha que estar, às oito da noite, todo o elenco para gravar e transmitir ao mesmo tempo.

Hoje em dia, com o advento do videocassete, gravam-se até vinte cenas ou mais, bastando para isso que todo o elenco esteja no local e no horário da gravação uma só vez. Com isso, o ator pode ir para casa e assistir a si próprio na hora da novela.

Baseado nos mesmos princípios eletromagnéticos de um gravador de áudio, um videocassete tem a capacidade de gravar em fita magnética e reproduzir sinais eletrônicos de vídeo provenientes de uma filmadora. Esse é o processo comumente conhecido como videoteipe, ou gravação em sistema de vídeo. Esse processo também tem muitas vantagens sobre os processos de vídeo e os cinematográficos, conforme vimos anteriormente.

No final da década de 1960, foram feitas diversas pesquisas visando conceber um tipo de videocassete doméstico e de baixo custo, utilizando a técnica do cassete adaptado às exigências da gravação de vídeo. Quem fez a primeira tentativa foi a Sony, em 1969, lançando o sistema U-matic. Devido ao seu alto custo, não foi possível o uso doméstico desse sistema, mas logo adaptou-se e aperfeiçoou-se esse sistema para aplicações em telejornalismo eletrônico nas emissoras de televisão. O sistema U-matic tem uma boa qualidade técnica, operação simplificada, tamanho reduzido — o que facilita as tomadas externas dos programas televisivos. O U-matic é o sistema usado com freqüência pelas redes de televisão. No uso doméstico, o sistema mais usado mundialmente é o VHS.

A filmagem

Filmar é a arte de captar imagens por meio de uma filmadora. Digo "por meio de uma filmadora" porque pode-se captar imagens também com uma câmera fotográfica. A câmera é uma imitação do olho humano.

No olho humano, um padrão de luz é enviado para o cérebro, onde é traduzido, resultando assim na imagem que vemos.

Na câmera de vídeo, todo esse processo acontece através de uma lente objetiva que recebe a luz refletida dos objetos. A lente, então, dirige esta luz para uma superfície (decodificador de imagem) que identifica os contornos formados pelas diferenças de brilho e cor das partes que compõem a cena.

O usuário que manuseia uma filmadora sente um certo medo ao deparar com tantos botões e recursos. Isso faz com que ele receie apertar o disparador. Porém, hoje em dia, não é necessário ser um *expert* para operar com sucesso uma filmadora. Não se espante com tantos botões e teclas. Com alguns poucos dias de prática, você estará filmando bem seus filhos, suas festas, seus churrascos, etc. Saiba claramente o que deseja de sua filmagem, selecionando motivos que deverão fazer sentido num contexto. Pelo menos, um mínimo deve ser aprendido para se filmar de forma razoável. Procure colocar lógica em suas filmagens. Atente para a firmeza da filmadora. Ponha iluminação em suas cenas. Lembre-se de que alguém vai, algum dia, assistir a sua filmagem e, em consideração a esse espectador, você vai ter de apresentar um bom trabalho. Se levarmos para o lado comercial, então, você vai ter de duplicar seus esforços para apresentar um trabalho de qualidade. Enfim, dirija a filmagem com cuidado e atenção, procurando chegar a um bom produto final. Assim você demonstra o seu profissionalismo e a sua consideração para com o espectador.

Fig. 5 – A filmagem é a opção mais apreciada por videomakers de todo o mundo e por usuários domésticos (VHS).

CAPÍTULO I

A FILMADORA

Atualmente as filmadoras são todas *camcorders*, isto é, são filmadoras que funcionam também como vídeo, possibilitando ligá-las à televisão e assistir a qualquer filme ou ao que foi filmado por meio delas. Nas *camcorders,* a fita é colocada na própria filmadora. Estas câmeras, por suas qualidades, eficiência, mobilidade, recursos e facilidades de operação, foram as grandes responsáveis pelo crescente interesse popular pela filmagem em vídeo. Na compra de uma filmadora, de acordo com o uso que se deseja fazer dela, a escolha deve levar em conta os recursos que ela oferece e o grau de comodidade em seu manuseio.

Uma filmadora é simples de operar e segura. A imagem satisfaz plenamente a todos. A sua popularidade cresceu rapidamente tanto no mercado doméstico como no profissional. Os modelos variam conforme o preço, o fim a que se destinam, a robustez, a sofisticação de recursos e o grau de comodidade em seu manuseio.

Modelos de filmadora

VHS — É o modelo de *camcorder* mais adquirido no mundo. Existe nos mais variados tipos, marcas e modelos. A qualidade de imagem é excelente para o fim a que se destina, dentro dos seus limites de sistema doméstico. Ao adquirir uma câmera VHS, dê preferência às de lux baixo, porque estas filmam em ambientes com pouca luz. As que têm efeitos digitais são mais caras e não são necessárias para filmagens domésticas. Mas, se for esta a opção do usuário, também será uma boa escolha.

SVHS — SUPER VHS, comumente chamada de "super vê".

São todas muito boas, com ótima qualidade de som e imagem, mas para se ter a sua verdadeira imagem gerada neste sistema, é necessário que toda a aparelhagem seja em SVHS, ou seja, vídeo, televisão e acessórios têm todos que estar funcionando neste sistema. A fita VHS, quanto gravada em SVHS, não pode ser passada num VHS normal. Devido a isso, os fabricantes destas *camcorders* colocaram a opção SVHS-VHS, fazendo-as funcionar nos dois sistemas.

É uma ótima opção para quem quer adquirir uma filmadora, mas é certo que para o usuário doméstico só será utilizada a opção VHS. Sendo assim, para quem quiser filmar apenas por prazer, sem pretensão ou rebuscamentos, será melhor e mais barato adquirir uma filmadora que funcione só no sistema VHS.

BETACAM — *Betacamcorder* ou *camcorder* do sistema Beta. São filmadoras usadas atualmente nas emissoras de televisão para as filmagens externas. Foram as responsáveis por tornar as câmeras U-matic obsoletas. As Betacam são muito sofisticadas, com excelente resolução e definição (qualidade de imagem), e as fitas são colocadas na própria câmera, como nas VHS domésticas, não sendo necessário carregar o vídeo a tiracolo, como era o caso das câmeras U-matic.

Por ser muito cara e de exclusivo uso profissional, sua aquisição só é aconselhável para agências de propaganda, produtoras de vídeo e redes de televisão.

VHS-C — VHS-COMPACTA — Surgiu como uma jogada comercial da JVC para concorrer com as câmeras 8 mm. Fica difícil compará-las, pois são dois bons sistemas. A VHS-C, porém, tem uma vantagem sobre a 8 mm: o adaptador, onde se coloca a fita pequena para ser assistida no videocassete grande (qualquer VHS).

A fita é diferente da 8 mm em sua espessura e tem menos tempo de gravação: 30, 40 e 60 minutos.

Existe ainda a Super VHS-C que tem as mesmas características da Super VHS, porém é pequena, leve, prática e só funciona em VHS-C.

8 mm — Muito conhecida como "oito milímetros", essa filmadora ganhou mais espaço e mais simpatia dos usuários que desejam adquirir uma filmadora pequena. São leves, práticas e as preferidas para se levar em viagens de férias e diversos passeios. A maioria é vendida com 1 lux. O único inconveniente dessas câmeras é a obrigatoriedade de ligá-las diretamente à televisão para assistir à fita. Alguns fabricantes das 8 mm, para

ajudar na comodidade do usuário, adotaram um controle remoto para ser acionado a distância quando se desejar assistir a uma fita nas câmeras 8 mm.

As fitas para as 8 mm são encontradas em 30, 60 e 120 minutos.

Alguns modelos atuais de 8 mm adotaram um visor com o formato de uma pequena televisão; dessa forma, quem filma não precisa ficar com um olho aberto, colado ao visor, e o outro, fechado.

Uma câmera de vídeo é usada para registrar imagens. É composta de visor, objetivas, seletor de temperatura de cor (*white balance*), diafragma automático, microfones, opção de foco automático ou manual, entradas (ou terminais) de MIC, EAR, RCA, AC/DC, visor eletrônico, compartimento de fitas, disparador ou gatilho e o console de vídeo com as teclas essenciais, PLAY, REW, FF, PAUSE/STILL e STOP.

Figs. 6 e 6a – Algumas *camcorders* de diferentes modelos, marcas e tipos.

Teclas — São botões que pressionados geram uma função.

Função — É o resultado correspondente ao aperto, giro ou pressão de uma tecla. Por exemplo, a tecla PLAY, quando pressionada, gera função de passar a fita no vídeo para ser assistida. A tecla POWER gera a função de desligar a filmadora ou o vídeo.

Condições para uso — Para um bom trabalho de câmera é necessário que se tenha em mente uma série de requisitos básicos. Em primeiro lugar, o operador deve possuir qualidades que, embora não sejam essenciais e nem muito evidentes, são muito úteis aos cinegrafistas. Essas qualidades são: bom-gosto, bom-senso, destreza, vigor, paciência e boa memória.

Outros requisitos essenciais e indispensáveis — Perfeito conhecimento das funções, comandos e teclas da filmadora para que o operador (filmador) possa filmar com segurança, confiança e precisão; boa capacidade de análise e rapidez de reflexos para poder aproveitar as boas oportunidades de filmagem na hora em que elas aparecerem; a escolha de um bom ponto de vista (posicionamento para se obter bons ângulos); boa composição de imagem (foco); bom-gosto na iluminação e nos planos.

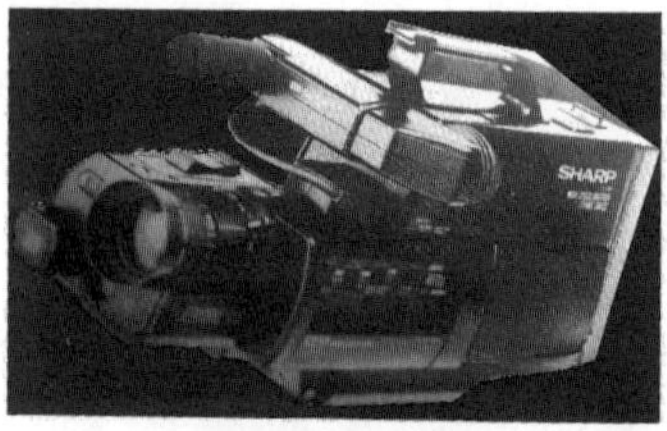

Figs. 7 e 7a – Mais algumas *camcorders*.

Comandos importantes

PAUSE/STILL — Pára a cena. Congela a imagem.

STOP — Desliga o modo *play*.

REW (rebobinar) — A fita volta para o começo.

FF (FAST FOWARD) — A fita avança em direção ao seu final.

PLAY (reproduzir) — A fita avança na velocidade normal que permita que se assista ao filme.

Usando essas teclas e essas funções, a filmadora passa a funcionar no modo vídeo, ou seja, ao se ligar a filmadora direto à televisão ou para se editar usando a filmadora, todos os comandos são feitos nessas teclas. As conexões, nesses casos, devem ser feitas nos cabos e terminais RCA + COAXIAL (para edições) e COAXIAL ANT IN e RF OUT para se ligar ao televisor e assistir a um filme. Os respectivos terminais RCA e COAXIAL (BNC) estão localizados no acessório que liga a filmadora à rede elétrica chamado AC/DC (eliminador de bateria). Neste acessório existe a chave CÂMERA/LINE, e, ao se usar a câmera no modo vídeo, passa-se esta chave para a opção LINE.

Os tubos de câmera

Os tubos da câmera são componentes essenciais para que as filmagens coloridas existam. Tanto os tubos de TV quanto os da filmadora têm os mesmos princípios: partem de três cores (roxo, verde e azul) que entram através de uma máscara nos elementos de fósforos tricolor. Quando lançadas a distância, essas três cores misturam-se. Nos modelos mais recentes de filmadoras, empregam-se tiras de fósforo em vez de pontos de luz, e, para se aumentar o contraste, o espaço entre os pontos é escuro. A imagem passada da lente para o tubo é invertida. Essa imagem autocorrige-se eletronicamente e transforma-se em um sinal de vídeo. As cenas de vídeo, nas câmeras domésticas, são normalmente observadas e controladas na própria filmadora. Os modelos mais profissionais têm uma unidade de controle de câmera (CVV).

O tubo vidicom

Os elétrons (gerados com a captação de imagem e luz e que são emitidos pelo cátodo) são dirigidos de um lado a outro através do mosaico pela deflecção magnética, de tal forma que o raio explora e decompõe a imagem do mosaico em uma série de linhas. A qualidade e a permanência do mosaico variam segundo a luz que cai sobre um ponto dado; isso se traduz em uma saída elétrica a cada instante. Assim funciona o tubo vidicom, que já teve a sua época e atualmente está obsoleto.

O tubo saticom

O tubo saticom era de uso muito corrente no meio profissional. Foi um aperfeiçoamento do tubo vidicom. Evitava os chamados "rabos de luz", aos quais estava sujeito o vidicom. Esses "rabos de luz" acontecem quando se registram objetos brilhantes e pessoas com baixo nível de iluminação e em movimento.

O CCD (course coupe device)

Todas as *camcorders* atuais utilizam o CCD ou "recurso de carga dupla", que é um dispositivo que substitui o tubo convencional por um *chip* computadorizado muito pequeno e que é explorado segundo uma matriz microscópica de linhas verticais e horizontais gravadas em sua superfície. O CCD também melhora a captação de imagens e oferece fidelidade às cores.

A objetiva

As filmadoras contêm objetivas de cristal óptico de boa qualidade que dão a verdadeira nitidez e a definição da imagem.

Porta do compartimento da fita

Operação: para abrir o compartimento e colocar a fita, pressione a tecla EJECT; para fechar, empurre a porta já com a fita colocada. Só assim o disparador funcionará.

Teclas, funções e como usá-las

Carregar a bateria

Para carregar a bateria após o uso, basta colocá-la no carregador que acompanha obrigatoriamente a filmadora. Normalmente, devem-se observar os pólos do carregador e os encaixes da bateria. Aconselha-se a carregar a bateria sempre que se usar a filmadora. Não precisa ser logo após o uso, mas não se deve demorar mais de duas horas para começar a carregar a bateria. Nunca guarde a bateria sem carregá-la, pois isso pode diminuir o tempo de vida da mesma. A carga dura, em média, duas horas (modo câmera), ligando e desligando a câmera. Se esses cuidados descritos acima não forem tomados, ela poderá reduzir o seu tempo para até vinte minutos. A bateria pode ficar até um dia carregando, só não pode ficar um dia sem ser carregada. Para o uso econômico da bateria, usa-se o *stand by* (se a câmera tiver esse recurso). No *stand by,* você deixa a filmadora preparada para filmar, sem precisar desligá-la no POWER.

Após terminar o *take* (filmagem da cena), não movimente a filmadora ligada. Também é antieconômico usar a bateria da seguinte forma:

— Assistir à fita na filmadora.

— Uso do REW e do FF (com ou sem imagem).

— Deixar a filmadora ligada enquanto o operador se movimenta ou simplesmente pára de filmar. Recomenda-se, ao usar os recursos REW, FF, PAUSE, AUDIO DUB, INSERT e EDIT, que a filmadora esteja ligada no AC/DC (eliminador de bateria).

Também é bom observar que o filmador prevenido deve andar com, no mínimo, mais uma bateria de reserva quando está filmando externas (filmagem ao ar livre) ou quando deseja e precisa locomover-se mais livremente.

Visor

Existem três tipos de visores:

1) Visor *reflex* — É como o da máquina fotográfica, e através dele vê-se a imagem que vai ser registrada diretamente pela lente, e essa imagem coincide com o que fica gravado.

2) Visor ótico — Este é o tipo mais simples e econômico. Limita-se a indicar em que direção está apontando a filmadora. Sofre de um pequeno erro de paralaxe (ajuste ótico). A imagem que fica registrada na fita não coincide plenamente com o que se vê no visor.

3) Visor eletrônico — É o mais sofisticado dos visores, dispendioso, porém o mais usado e aprovado nas filmadoras atuais. Trata-se de um televisor em miniatura. É o mais exato dos visores. Mostra com exatidão o que está sendo enquadrado e o que vai ser gravado. Permite ver se a imagem está muito clara ou muito escura, de modo que se possa efetuar qualquer correção técnica, e indica, com relação à profundidade, o que está sendo enquadrado e enfocado desde o plano principal até o fundo.

Como ligar a filmadora

Há dois meios de se ligar a filmadora: por intermédio da bateria ou na rede elétrica por meio do AC/DC. Qualquer uma dessas duas opções, no entanto, só será acionada após se pressionar ou deslizar (conforme o modelo da filmadora) a tecla POWER.

As baterias são encaixadas dentro ou atrás da filmadora, também conforme a marca e o modelo. Para retirar a bateria, aperte a tecla BATERY EJECT ou só BATERY. No AC/DC, há dois cabos: um é usado para ser conectado à câmera, e o outro, à rede elétrica.

Para ligar a sua filmadora, com bateria ou AC/DC, use a tecla POWER. Atenção, tome cuidado com o que você quer fazer.

Existe em toda filmadora um compartimento com as teclas PLAY, REW, FF, AUDIO DUB, EDIT, INSERT, RECORD e STOP, que servem para fazer a filmadora funcionar no modo vídeo, ou seja, você assiste a um filme por meio da filmadora, ligada diretamente à televisão, onde também você pode observar, corrigir e editar as suas cenas. Nesse compartimento, existe uma pequena "porta" que corre como se fosse uma gaveta. Estando fechada, a filmadora vai funcionar no modo câmera rec, e, nesse caso, você vai gravar as cenas apertando o disparador. Não confundir DISPARADOR com PLAY. Os dois funcionam distintamente e em situações diferentes.

De acordo com o modelo de sua filmadora, o disparador pode ser pressionado com o dedo indicador ou o polegar. Para iniciar a operação, ligue POWER e observe se a tampa do compartimento deve ficar aberta (modo vídeo) ou fechada (modo câmera rec), conforme o que se quer fazer. Aponte para o motivo principal e comece a filmar.

Resumindo:

Câmera rec — Você filmando (porta do compartimento fechada).

Modo vídeo — Você assistindo na própria câmera, editando ou dublando seus filmes (porta do compartimento aberta).

Foco automático ou manual

Além da iluminação, outro artifício que melhora bastante a qualidade das suas imagens é o foco.

O foco pode ser obtido de forma manual ou automática.

No foco manual, passa-se a tecla para MANUAL (ou simplesmente M em alguns modelos) e o ajuste é feito com a mão esquerda na objetiva. Esse tipo de focagem que é feito antes de começar a filmagem exige uma iluminação adequada e é usado por profissionais e amadores. Após tudo checado, dá-se início à filmagem.

O foco automático, ou foco da "preguiça", é feito de acordo com a velocidade em que a objetiva gira para achar a focagem certa, e esse é o grande problema deste tipo de foco. Principalmente em filmagens domésticas, é comum as pessoas usarem somente o foco automático, por isso, na reprodução do que foi filmado, percebe-se claramente o movimento da filmadora e, conseqüentemente, a cena focando e desfocando. Isso acontece devido ao fato de a cena não estar bem iluminada, ou iluminada só em um ponto. O que deve ficar bem claro é que uma boa focagem depende de uma iluminação bem distribuída.

Outro fator importante a se levar em conta na focagem é a profundidade de campo, que varia de acordo com a distância da objetiva ao plano focado e também com a distância focal da objetiva. O terceiro fator a ser observado é a abertura do diafragma, cujo símbolo é representado por F (f.1, f.11, etc.) e indica uma maior ou menor abertura do diafragma, conforme a entrada de luz.

Esses fatores determinam o que se chama zona de definição; variando qualquer um deles, a zona de definição ficará maior ou menor.

Numa imagem com muitos pormenores, é fácil notar a falta de definição na parte da imagem que fica fora da zona de profundidade de campo, mas em superfícies lisas, sem desenhos, o desfoque nem sempre é muito notado. Por exemplo, se você está focalizando alguém a 10 m da câmera, sua profundidade de campo poderia ser de 8 a 14 m. Isso significa que os objetos que estiverem dentro desta área estarão nítidos e em foco, e os objetos fora desta área estarão fora de foco.

Mantendo o foco

À medida que a câmera se move, ou que a distância desta em relação ao motivo principal varia, pode ser necessário reajustar o foco. O foco será nítido ou não, dependendo da profundidade de campo e dos pormenores da cena. Quando se tratar de planos de rostos (*close*), oriente-se pelos olhos (e, às vezes, dentes ou cabelos) para verificar a nitidez do foco (foco manual) e para ver bem em que ponto a imagem fica mais definida. Nos planos gerais, o controle do foco será mais fácil testando detalhes de vestuário. Também é bom lembrar que o *white balance* só tem efeito quando é bem focado.

Mudanças de foco

Quando se estiver fazendo um determinado plano na filmagem de um grupo de pessoas e a profundidade de campo for insuficiente para mostrar o objeto principal, completo e com nitidez, pode-se adotar algumas soluções:

1) Mude o foco de um ponto para outro. Por exemplo, foque sucessivamente cada uma das pessoas.

2) Pode-se, como alternativa, focar no vazio, entre objetos, de forma a encontrar um equilíbrio de nitidez entre eles, embora isso signifique que, na realidade, nada está verdadeiramente definido.

3) Faça um plano mais aberto (PC, PA, PM) para aumentar a profundidade de campo.

O zoom

O *zoom* é feito comumente pelos dedos indicador e médio da mão direita, enquanto o polegar se ocupa com o disparador (onde se liga o modo câmera rec). Em alguns modelos de filmadora o disparador é acionado com o dedo indicador.

Zoom é uma distância focal variável que resulta em um ângulo de visão também variável. O efeito suave e mais variável deve sempre ser feito com o *zoom* automático. Só se deve usar o *zoom* com uma boa razão, porque o exagero no seu uso solicita muito da bateria e desagrada a quem está assistindo ao filme. Portanto, use o *zoom* comedidamente.

O *zoom* funciona no modo *wide* para grandes ângulos, e no modo *tele*, para *close*. No *tele*, você traz a imagem de longe e coloca-a perto. Em *wide* (grandes ângulos), você pega a imagem de perto e vai abrindo até pegar tudo o que deseja, dentro do ângulo do visor.

A melhor maneira de focar em *zoom* é colocá-lo na posição *tele* e preencher todo o quadro com o motivo principal. No *close* de um rosto, por exemplo, foque a lente até ter uma imagem bem nítida. Em seguida, volte o *zoom* para grande ângulo e acompanhe o quadro da maneira que você quiser. Depois, em qualquer posição onde for colocado o *zoom,* o motivo estará perfeitamente focalizado.

Cuidado! Principalmente se você pretende ser um profissional, não abuse do *zoom* e nem dos *closes*; isso denota incompetência, amadorismo e satura o espectador.

Fig. 8 – O *zoom* de aproximação de dez vezes de onde se puxa a imagem de longe para perto, como na proporção da figura acima.

O fade

O *fade* é um recurso usado para não haver cortes bruscos entre as cenas. Usa-se também o *fade* para começar ou terminar uma cena ou conjunto de cenas. Na tecla FADER, tem-se duas opções: *fade-in* e *fade-out*. *Fade-in* é o escurecimento da cena, ou seja, aparece a imagem normal que se está gravando, e ao apertar, empurrar ou girar (conforme o modelo da filmadora) a tecla FADER acontece um gradual escurecimento da imagem até o escuro total. *Fade-out* é o contrário do *fade-in:* a imagem sai do escurecimento total e vai clareando e aparecendo gradualmente até ficar bem nítida.

Tendo ou não um roteiro de filmagem a ser seguido, deve-se usar no final de cada conjunto de cena (período de filmagem) o *fade-in;* e na primeira vez que se liga a filmadora, abre-se a filmagem com um *fade-out*. Nunca comece e, principalmente, nunca termine uma cena bruscamente. Recomenda-se, nestas situações, o uso do *fade*.

A tecla FADER comumente aparece no corpo da filmadora no mesmo console onde está a tecla BACKLIGHT. Também, em alguns modelos, aparece junto com as teclas DATE-RESET e BACKLIGHT. O *fader,* quando ativado no IN ou no OUT, em alguns modelos de *camcorders*, faz dissolver, também gradual e simultaneamente, o som e a imagem.

Backlight

O botão do BACKLIGHT ou "luz de fundo" é um recurso de compensação de luz para um assunto que está à frente de um fundo com muita luz. Quando se filma uma pessoa, por exemplo, na frente de uma janela e dentro de uma casa, percebe-se claramente a diferença entre a luz no interior da casa e a externa, a luz do Sol. A pessoa que estiver sendo filmada na janela vai ficar só na silhueta. Não se distingue, nesses casos, os olhos, a boca, ou mesmo a cor da roupa. É aí, então, que entra a função do *backlight* para compensar essa luz que vem por trás e distribuí-la igualmente em toda a cena, fazendo assim com que se distinga perfeitamente todas as partes e detalhes do que está sendo filmado, corrigindo a imagem.

Date-set-select

É a tecla usada para selecionar, localizar e acrescentar às gravações as indicações de data e hora sobrepostas à imagem. É acionando a tecla DATE-TIME-DISPLAY que as informações de data e hora aparecem no visor para serem ajustadas.

Procedimentos para o ajuste

Pressione DATE-TIME-DISPLAY. Aparecerão no visor os números correspondentes ao mês e à hora. O número referente ao mês vai começar a piscar. Pressione então SET até posicionar no mês desejado. Após o ajuste do mês, o dia imediatamente começará a piscar. Pressione novamente SET (ou o correspondente na sua câmera) para ajustar o dia. Ao final, pressione DATE-TIME-SELECT para fixar os ajustes feitos.

Um ponto importante a ser lembrado é que, em vídeo, os períodos do dia são determinados por AM e PM. Os algarismos das horas serão sempre de 1 a 12. O período da meia-noite até o meio-dia (00:00 às 12:00) é representado por AM. E do meio-dia, mais o período da tarde, até a meia-noite (12:00 às 00:00) é representado por PM.

A data e a hora que forem ajustadas podem ser colocadas em qualquer ocasião e em qualquer cena da filmagem. Dessa forma, quando pressionada a tecla correspondente à função DATE-TIME-DISPLAY na filmadora, serão gravadas, no modo câmera rec, a data e a hora junto (sobrepostas) com a imagem.

Eject

Sua finalidade é abrir o compartimento da fita. Comumente é colocada acima do corpo da filmadora e ao lado da chave POWER.

Atenção na colocação da fita no compartimento, pois deve ser colocada com a parte funda dos carretéis virada para dentro da filmadora e a capa da película para baixo.

EJECT BAT é a tecla que serve para liberar a bateria do seu lugar.

Funções

Toda função surge a partir da pressão de uma tecla ou botão qualquer na filmadora. A finalidade da função é gerar um recurso que auxilia no som (áudio) e na imagem (visual).

Audio dubbing

É o recurso que permite alterar a trilha sonora existente ou realizar uma dublagem de áudio sem alterar a imagem anteriormente gravada. Na utilização do *audio dubbing*, pode-se usar o próprio microfone da filmadora ou um microfone externo conectado ao terminal MIC que, em alguns modelos, se encontra na parte de trás da filmadora e, em outros modelos, perto do microfone embutido que vem na câmera. Aconselha-se a utilizar a rede elétrica para se fazer o *audio dubbing* (por meio do AC/DC).

Detalhes importantes a serem observados para se fazer *audio dubbing*:

— A fita deve estar com o lacre de proteção intacto (ver cap. sobre fita).

— Usando microfone externo, o som do microfone embutido será eliminado automaticamente. Se houver microfonia (interferência no som) ao realizar a dublagem, abaixe o volume ou afaste o microfone do alto-falante.

Procedimentos para se fazer o *audio dubbing*:

— Escolha a alimentação (AC/DC ou bateria).

— Ligue a chave POWER.

— Abra a porta do painel (compartimento da fita) com a tecla EJECT.

— Volte a fita.

— Localize o início do trecho a ser dublado.

— Pressione as teclas PAUSE/STILL e AUDIO DUB simultaneamente para liberar a gravação.

— Acompanhe a música ou a dublagem olhando pelo visor da câmera ou pelo monitor de TV, se assim estiver conectado.

Na hora da gravação, monitorando as cenas, você escolhe onde pressionar o PAUSE/STILL. É importante a escolha da fonte sonora para a trilha da música (gravador, vitrola). Hoje em dia, devido à qualidade sonora, quase todas as pessoas usam o toca-discos a laser. Um disco bem cuidado ou uma fita K7 bem gravada também ajudam.

— Finalmente, pressione *fade-in* e faça, simultaneamente, a imagem escurecer junto com o som diminuindo, para terminar a gravação.

Edit

A função *edit*, pelo nome, parece que tem algo a ver com um controle para se fazer edição; no entanto, *edit* serve para melhorar a qualidade das cópias nas fitas. Com o *edit* ligado, evita-se a perda de 80% de qualidade nas cópias e evita-se também interferências. *Edit* minimiza bastante qualquer ruído, embora se saiba que nenhuma cópia fica tão perfeita quanto a matriz.

Insert

Significa inserir. Essa função na filmadora possibilita a inserção de novas cenas em lugar de cenas não desejadas.

Etapas para a utilização do *insert*:

1) Conecte a filmadora a um dos sistemas de alimentação, de preferência à rede elétrica, e ligue a chave POWER.

2) Abra ou deslize (conforme o modelo) a porta do painel de controles para acionar o modo VCR. Isso significa que a câmera não estará filmando e sim funcionando como videocassete.

3) Coloque a fita com o lacre intacto.

4) Pressione PLAY e acompanhe, então, a inserção por meio do visor da câmera ou do monitor de TV, se estiver conectado a este.

5) Focalize o fim do segmento a ser substituído. Pressione e ajuste o COUNTER MEMORY, zerando-o no RESET, para marcar o fim da inserção. A indicação "M0000" aparecerá na tela do monitor e no visor da filmadora.

6) Localize o início do segmento a ser substituído. Para isso, pressione REW para que a fita volte ao seu começo (rebobinar).

7) Pressione PLAY e PAUSE/STILL. Toda inserção de cena será controlada desta forma, pressionando ou soltando o PAUSE/STILL.

8) Verifique se o *foco* e o *white balance* estão ajustados adequadamente.

9) Então, pressione novamente PAUSE/STILL para iniciar a inserção. A gravação vai se encerrar automaticamente quando o contador chegar ao ponto marcado para o fim da inserção, ou seja, "M0000".

Você acabou de filmar uma nova cena por meio do *insert*. Pode ser colocada também uma sucessão de cenas ou uma titulagem em vários trechos da fita, montando assim, de forma coerente, o seu filme. Nesta forma, você insere a cena na hora em que estiver filmando.

Vamos agora aprender como se inserem cenas com a câmera ligada em um vídeo, ou de vídeo para vídeo. São conceitos básicos, mas bastante úteis para quem quer começar a fazer edições.

Câmera — videocassete

Faça a cabeação (ligação dos cabos) RCA no vídeo e na câmera. É bom que se coloque a filmadora em *player* (passando a fita matriz) e o videocassete em *rec* (gravando e recebendo as cenas da fita matriz). Na câmera, use os terminais RCA VIDEO/AUDIO-OUT (saída), e no videocassete coloque a outra ponta do cabo RCA nestes mesmos terminais RCA, só que em VIDEO/AUDIO-IN (entrada). Passe a fita da filmadora, rodando e ajustando bem o TRACKING (da filmadora) para reduzir o ruído da fita. Localize o ponto em que se deverá proceder à inserção de cenas. Depois, passe a fita até o ponto escolhido para o término da gravação, pressionando a tecla STOP no ponto em que quiser parar o *insert*. Zere o contador e depois rebobine a fita até o ponto onde deverá recomeçar a gravação. Ponha a memória do contador, COUNTER MEMORY, na posição ON (ligado). Pressione o PLAY, assista à fita até o ponto exato onde a edição terá início e pressione PAUSE/STILL. Agora pressione simultaneamente os botões PLAY, RECORD e PAUSE/STILL. Para começar a gravar, solte PAUSE/STILL no vídeo e, a seguir, PAUSE/STILL na filmadora que se encontra ligada a ele. Pode então gravar novas cenas. O videocassete interrompe automaticamente a gravação no ponto em que o contador chegar a zero "M0000". Algum problema poderá persistir, mesmo depois de seguidas corretamente todas as etapas. Vamos ver esses problemas e apontar o que fazer para solucioná-los:

1) A imagem da TV ainda tem má qualidade — A sintonia fina ou do seletor de canais deve ser sintonizada com precisão e corretamente.

2) Faixas ou neve na imagem — Cabeças de vídeo sujas. Limpe-as e recomece a gravação.

3) Ruídos persistentes — Use controle do *tracking*.

4) Não aparece imagem e som no TV monitor — A provável causa disso são as ligações incorretas entre a filmadora e o vídeo. Verifique se todas as ligações foram corretamente efetuadas.

Tracking

É um recurso muito importante, estando bem ajustado dá uma perfeita nitidez da imagem. Entretanto, se na hora da reprodução e ao fazer a correção pelo REVIEW ou no PLAY sua *camcorder* apresentar faixas (ruídos), faça o ajuste do *tracking*: pressione as teclas correspondentes ao *tracking* em sua filmadora até reduzir totalmente o ruído da imagem (na linguagem de vídeo, ruído não se refere necessariamente ao som, mas também à imagem, sendo portanto qualquer fator indesejável que interfira na reprodução).

Counter memory

Recurso que permite memorizar o tempo de fita e visualizar a condição de carga da bateria. Em toda filmadora, a indicação de carga da bateria aparece no visor na forma E----F, ou seja, cada traço entre as letras E e F significa meia hora de carga, totalizando duas horas (cada traço que desaparece significa o consumo correspondente a meia hora de carga da bateria e não de filmagem).

A cada toque no COUNTER MEMORY aparece uma função no visor:

1º) indicador do contador da fita;

2º) tempo de fita gravada (em alguns modelos);

3º) memória do contador (ver utilização do *insert*).

As indicações do *counter memory* não são gravadas junto com a imagem.

Review — Permite ver os últimos segundos gravados. Logo após, a *camcorder* autoposicionar-se-á no ponto exato para continuar a gravação.

Função macro

Nesta função, o *videomaker* (filmador) entra no fascinante campo da macrocinematografia. Filmando normalmente, seria impossível obtermos imagens satisfatórias de pequenos objetos e insetos. Uma aranha em sua teia, uma borboleta sobre uma flor, a caminhada de um pequeno inseto, por exemplo. Suas imagens seriam pequenas demais para serem vistas com toda a perfeição. As objetivas macro de foco variável permitem focalizar a uma distância mínima, que em algumas filmadoras chega a 1 cm.

O dispositivo macro, quando acionado, permite filmar a partir da lente frontal da objetiva, possibilitando ampliar a imagem do objeto de tamanho muito reduzido, dando também um foco perfeito.

É aconselhável bastante firmeza na câmera ao se usar o macro. Coloque a câmera em cima de uma mesa ou num tripé para ter assegurada uma boa estabilidade.

Fig. 9 – Esta é uma das opções da função macro, onde um inseto é visto sobre uma folha.

High speed shutter

Filtro para alta velocidade. O filtro obturador eletrônico de alta velocidade permite a gravação nítida de cenas com movimentos rápidos. Hoje em dia, praticamente toda filmadora tem esse recurso. Para utilizá-lo, pressione a tecla HIGH SPEED SHUTTER.

Devido ao filtro obturador eletrônico de alta velocidade ser mais rápido do que o normal, há necessidade de uma melhor iluminação quando da sua utilização. Para a velocidade de 1/1.000 segundos, utilize uma iluminação mínima de 300 lux, e para 1/500 segundos, uma iluminação de 150 lux.

Com o filtro obturador para alta velocidade, você pode filmar um ventilador e ver perfeitamente as lâminas da hélice em seu formato, girando mais devagar. Tente fazer a experiência. Evite utilizar *high speed shutter* em ambiente que tem lâmpada fluorescente, pois isso pode provocar flutuações na tela da TV na hora da reprodução. Essas flutuações são aqueles famosos rabos ou fantasmas que acompanham a pessoa quando esta se movimenta.

Self-timer

Esta talvez seja uma das funções mais interessantes da sua filmadora. Permite que você faça parte da cena ou filme quadro a quadro, possibilitando assim fazer desenhos animados.

O que você deve fazer é pressionar o botão SELF-TIMER nas seguintes circunstâncias:

1) Pressionando uma vez, aparecerá 10s (dez segundos), apenas exemplificando; em outros modelos de *camcorder* poderá ser 20s, 25s, etc. Isso significa uma espera de dez segundos antes da câmera ligar sozinha e de você se posicionar e fazer parte da cena.

2) 10s indica que durante dez segundos grava e durante dez segundos não grava. Isso continua até que você decida pressionar o disparador para cancelar a programação em curso.

3) SELF-END — Indica que a gravação vai começar e continuar até o final da fita, direto, dez segundos depois de você pressionar o disparador.

4) TIME LAPSE RECORDING — Quando esta função aparecer no visor (todas as anteriores também aparecem), em um segundo será gravada uma cena. A cada segundo a câmera grava e fica desligada por um minuto. Com o TIME LAPSE RECORDING, obtêm-se efeitos e animação.

Ressalte-se algumas notas importantes quanto ao uso da função SELF TIMER:

— Antes de iniciar a gravação com intervalo (qualquer função do *self-timer*), realize uma gravação normal de cinco a seis segundos.

— Não utilize este recurso por tempo prolongado (mais de dez horas consecutivas), pois isso pode danificar a fita e o cabeçote de vídeo da sua *camcorder*.

— A função de gravar (*record*) é do videocassete; a função de filmar é obviamente da câmera, embora a *camcorder* possa funcionar também como um *video record*; recomenda-se o uso parcimonioso da câmera na função RECORD, pois o abuso traria o desgaste do cabeçote. No caso de utilizá-la interligada a um videocassete, deverá operar sempre que possível em PLAYER (passando a fita).

O lux

Significa a capacidade que uma câmera tem para filmar em ambientes escuros. Escuro não significa totalmente sem luz, e sim com luz fraca.

A qualidade de uma filmagem está diretamente relacionada à sua iluminação. É 60% de todo o trabalho.

Entretanto, quando se ativa a função GAIN-UP ou o recurso INDOOR (para pouca luz), provavelmente o *videomaker* foi chamado às pressas e não teve tempo de montar toda a sua parafernália de tripés, fios e luminárias.

Os modelos atuais vão de 1 a 10 lux. Em ordem decrescente, podemos afirmar que, de 10 a 7 lux, a filmagem é considerada razoável, aparecem ainda muitos chuviscos na imagem. Com uma luz incandescente de 60 watts no ambiente, você só consegue filmar bem até as 18h30. Após esse horário (ainda de 10 a 7 lux), a iluminação torna-se precária, precisando assim de muita luz para se garantir uma boa imagem. Se o motivo estiver longe, neste horário e com este lux, desista de filmar.

De 6 a 3 lux, filma-se bem com 60w das 18h30 às 22h e o assunto principal já passa a ser um pouco mais distinguível até cinco metros.

De 3 a 2 lux, você distingue tudo. Já a 1 lux, você distingue uma pessoa e seus traços fisionômicos em um ambiente iluminado apenas por uma luz de vela.

Terminais e acessórios

Agora vamos ver para que servem e como se usam os terminais, cabos e demais acessórios da sua filmadora.

Adaptador AC/DC

É no adaptador AC/DC (mais conhecido como eliminador de bateria) que encontramos terminais que vão possibilitar copiar, editar e usar sua filmadora como vídeo, ligando-a à rede elétrica.

No adaptador AC/DC, encontram-se tecla de ajuste de comando dos canais de monitoração 3-4, terminais RCA, BNC (coaxial) e chave LINE/CAMERA.

Chave de ajuste de canal 3-4

Quando for usar a filmadora com vídeo, ajuste a chave de seu AC/DC para o canal livre da sua cidade (3 ou 4). O canal escolhido será o canal de monitoração. Neste canal, você vai assistir à fita reproduzida na sua *camcorder*.

Para assistir a uma fita usando o AC/DC, proceda à cabeação da seguinte maneira:

— Ligue o cabo de força do AC/DC à tomada.

— Ligue o outro cabo do AC/DC de contato (dez pinos) à filmadora.

— Conecte o cabo coaxial (*ballon*) no terminal BNC (aquele rosqueado) com a indicação OUT TO TV (ou só TV em alguns modelos). O outro lado deste mesmo cabo conecte ao televisor, se o seu aparelho de TV tiver também o terminal BNC. Caso não tenha, conecte junto com o casador de impedância de 75 para 300 ohms naqueles dois parafusos traseiros que ficam junto da antena. Essa conexão também permitirá assistir no monitor ao que está sendo filmado no modo câmera rec. O cabo coaxial vem como acessório obrigatório junto com a filmadora.

Para cópias e edições

Sua filmadora permite copiar e editar fitas. Para isso, os terminais e os cabos que devem ser usados são os RCA. São aqueles que sempre ficam no AC/DC e que são amarelos e brancos. Siga a sugestão dada anteriormente, que foi a de manter a filmadora na medida do possível em *player* (passar a fita que deverá ser copiada).

Editar

Ligue o cabo RCA ao terminal RCA OUT/VIDEO E AUDIO da filmadora que fica no AC/DC. A outra cabeça deste mesmo cabo RCA deve ser ligada ao terminal RCA/VIDEO AUDIO no videocassete rec que irá fazer a gravação.

Tanto faz o monitor de TV ser ligado à filmadora ou ao vídeo. O que não pode é deixar de ter, para monitorar a edição, um aparelho de TV.

Controle no SET de sintonia fina do televisor o canal de monitoração que você escolhe (3 ou 4).

Trabalhe no vídeo (que grava) com REC, PLAY, PAUSE...

Cópia da TV para a câmera

Normalmente não se usa a câmera para copiar, uma vez que a incompatibilidade de sistemas de cor interfere no processo.

Explicando melhor: sistema de cor é o código que vem dos países (Japão, EUA) que fabricam essas *camcorders* atuais. Esse código ou sistema de cor é o NTSC. Se você copiar um filme de TV no Brasil, a reprodução vai sair em preto e branco porque o nosso sistema é o PAL-M, sendo portanto incompatível com o sistema de cor americano, o NTSC.

É aconselhável, caso pretenda copiar, que o faça de vídeo para vídeo. A explicação desses sistemas de cor, assim como o procedimento para a instalação, serão abordados no capítulo referente ao videocassete.

Saídas e entradas

Headphone

É um terminal de saída (*out*) para monitorar a entrada de áudio da sua câmera. Pode ser usado durante as gravações ou quando for feita a revisão do som de algumas cenas.

Microfone

Este terminal aparece na filmadora como MIC. Geralmente fica localizado junto ao microfone embutido (que vem junto com a filmadora) e que é multidirecional.

O microfone externo é unidirecional e, quando encaixado no seu respectivo terminal, anula o embutido da filmadora.

Use-o comedidamente e, de preferência, em entrevistas. Na filmagem normal, ele é dispensável, uma vez que o da filmadora se presta a qualquer tipo de situação e tem uma boa qualidade.

Acessórios

Continuando o nosso passeio pela filmadora, temos ainda alguns outros acessórios de importância.

Controle remoto

Este acessório, de tanta utilidade nos videocassetes, na filmadora é uma simples peça com um cabo longo e um *plug* pequeno que vai ser encaixado no terminal *remote*. A função do controle remoto é apenas substituir o disparador e fazer com que a câmera seja acionada a distância. Isso mesmo, o controle remoto liga e desliga as suas gravações (não confundir com *power*). Deve ser usado com a filmadora no tripé. Funciona no mesmo processo explicado anteriormente do *pause/still* e *play*.

Correia de segurança e proteção

Embora muito desprezada pelos *videomakers*, a correia de proteção é de grande utilidade.

A cada posicionamento da câmera no ombro, é bom que a correia esteja atravessada no ombro oposto. A correia evita eventuais quedas, que são as inimigas mortais de sua filmadora.

Toda vez que terminar a filmagem, coloque a correia de proteção no ombro e ande com a filmadora como se fosse uma bolsa. Nunca, em hipótese alguma, deixe a sua filmadora sobre uma mesa, cadeira ou em pé no chão. Locomova-se e leve-a no ombro coladinha como se fosse sua namorada inseparável. Assim você não corre o risco de ter de comprar outra *camcorder*.

Sapatilha para adaptar a luz

Este acessório vem acoplado à filmadora bem acima da manopla e serve para colocar aquelas luminárias pequenas de 150 a 300 watts, com fio ou sem fio. Em alguns modelos, já vem uma pequena luminária como acessório obrigatório. Nesse caso, a alimentação da luz vem da bateria da filmadora que trabalha dobrado, diminuindo pela metade o seu tempo de vida. O melhor mesmo é usar aquelas luzes que são ligadas à rede elétrica, mesmo com o inconveniente do fio.

Para terminar este capítulo, citaremos uma lista de acessórios que obrigatoriamente devem vir com a filmadora:

1) cabo coaxial (*ballon* ou RF);

2) casador de impedância ou conversor de 75 ohms para 300 ohms;

3) cabo RCA (para cópia e edição);

4) bateria (vem em todas as marcas e modelos);

5) correia de proteção (vem em todas as filmadoras);

6) *headphone* (vem em alguns modelos);

7) microfone (vem em alguns modelos);

8) maleta (vem em todos os modelos);

9) adaptador ou conversor de 300 para 75 ohms;

10) adaptador AC/DC: este é o acessório mais importante que tem de vir com a filmadora. Com ele se carrega a bateria, liga-se a bateria à tomada de força, copia-se, edita-se e passa-se o filme na televisão, via filmadora;

11) bateria de lítio (para o relógio).

CAPÍTULO II

TÉCNICAS DE FILMAGEM

Agora que o leitor conhece todas as teclas e suas funções correspondentes na filmadora, vamos entrar no campo da "captação de cenas". Exporemos técnicas para se gravar de maneira correta, conveniente e com qualidade.

As técnicas de filmagem são comuns e amplamente citadas em todos os trabalhos afins. Começaremos abordando o tema "planos", porque é o que o filmador faz consciente ou inconscientemente toda vez que liga a sua filmadora e aponta para um assunto de filmagem. Com o plano, adapta-se o motivo da filmagem dentro dos limites do campo visual do espectador. Profissionalmente, o plano ajuda no clímax que se deseja despertar dentro do contexto do filme. Não podemos esquecer que toda vez que se grava com a filmadora uma pessoa, um objeto, ou se aponta a filmadora para alguma coisa, estabelece-se um plano. E o que iremos explicar aqui é a melhor forma de fazê-lo. Porém, antes de chegarmos aos planos propriamente ditos, é necessário que se aprenda e se fixe bem algumas regras básicas. Por ordem de importância, essas regras são: composição, centro luminoso, linhas orientadoras e peso.

Composição

Ao se fazer o enquadramento, o motivo deve ser o fator mais importante a ser levado em consideração. O rosto e o corpo das pessoas deverão estar perfeitamente centralizados no quadro do visor da filmadora. Na composição de uma cena, os cabelos e o queixo jamais devem ser cortados.

Centro luminoso da cena

É o ponto luminoso da cena para onde se deve canalizar a atenção do espectador. É o meio de atrair a atenção do espectador para um assunto ou clímax especial dentro da cena, prender a sua atenção e deixá-lo interessado.

Fig. 10 – Centro luminoso da cena – À primeira vista, o que se vê nesta imagem é o barco ao fundo, que poderia, numa filmagem, indicar uma "pescaria no mar", por exemplo.

Linhas orientadoras

As linhas orientadoras traçam um caminho até o motivo principal da cena. Se, por exemplo, as linhas do primeiro plano se dirigem para longe do motivo principal, o impacto visual da presença desse motivo será menor. Ou seja, ao mostrar a cena de um rosto em *close*, não se deve ter nada ao fundo que tire a atenção desse *close*.

Fig. 11 – Neste exemplo de *linhas orientadoras*, evitou-se colocar a figura humana com o propósito de chamar a atenção para a bela paisagem filmada em um plano aberto.

Peso

Com o peso, o *cameraman* equilibra a imagem. Evita muita informação numa zona da imagem e muito pouca noutra parte. Podemos exemplificar com um enquadramento de cena em que o *cameraman* coloca uma enorme porção do céu e o restante da cena, todo apertado, num cantinho. O primeiro impacto visual certamente será a maior parte da cena, que, no nosso exemplo, é o céu.

Numa cena de uma grande paisagem, com um cavalinho ao longe, comendo capim, o que fazer para que o cavalo seja bem observado e não o resto da cena? Use a composição, o centro luminoso, as linhas orientadoras e o peso de uma forma bem equilibrada, racional e lógica.

Fig. 12 – Nesta imagem, o *peso* está desequilibrado, pois há muito céu e pouca paisagem da cidade.

Os planos de filmagem

Agora que você já sabe como fazer para obter uma cena que corresponda a sua intenção e à expectativa de quem assiste ao seu filme, façamos algumas observações importantes para uma boa utilização dos planos.

Siga corretamente estas observações e realize um bom trabalho de filmagem:

1) Cada tipo de plano deve ter uma intenção definida.

2) Só use o disparador quando o plano estiver totalmente de acordo com o clima que você quer dar.

3) Revise as suas intenções de planos, se a câmera for se movimentar, pois é importante lembrar que tanto o assunto que está sendo filmado como a câmera poderão estar em movimento durante uma tomada. Por isso, uma cena pode ser composta por apenas um ou por vários planos sucessivos.

Partindo desses princípios básicos, comecemos a analisar os planos, tomando como parâmetro a figura humana. Todo plano tem de ser feito tendo como base a figura humana. Dificilmente você vai deixar de usar pessoas em seus filmes, certo?

Vamos aos planos. Eles são oito:

1) plano geral;
2) plano de conjunto;
3) plano americano;
4) plano médio;
5) plano de detalhe;
6) primeiro plano;
7) primeiríssimo plano ou *close-up*;
8) plano de corte.

Plano Geral — PG

É o plano que situa o espectador onde a cena acontece se e em que momento, de dia ou de noite. Inclui o cenário e os personagens envolvidos na ação. É também conhecido como plano aberto. Exemplos: praia, praça esportiva, conjunto residencial, navio, estádio lotado. Nele, a figura humana perde-se, porque a intenção é unicamente mostrar um aspecto geral do todo.

Fig. 13 – Plano Geral — Pode ser feito com ou sem a presença da figura humana.

Plano de Conjunto — PC

Neste plano, as figuras humanas já são mais notadas, porém ainda é difícil identificá-las. Muito usado para mostrar uma praça, uma rua, pessoas dançando num baile.

Fig. 14 – Plano de Conjunto — Pode ser feito quando se tem mais de duas pessoas reunidas ou com uma paisagem para enriquecer a cena.

Fig. 14a – Outro exemplo de plano de conjunto, com paisagem.

Plano Americano — PA

As pessoas aparecem bem maiores e mais nítidas do que o cenário, permitindo que o espectador se concentre mais sobre o fato e a atividade de uma delas ou de ambas. Há uma divergência quanto ao corte. Algumas escolas acham que deve ser feito na canela, cortando os pés; já outras escolas afirmam ser melhor aplicá-lo a partir da metade das pernas, valorizando portanto a expressão e a fisionomia dos personagens. O corte citado indica onde deve ser o limite visual do plano. Se você decidir pelo corte a partir dos pés, então, obviamente, esse limite será determinado pela linha de baixo do visor. Levante um pouco a filmadora e faça os pés da pessoa sumirem. Pronto, está feito o plano americano.

Fig. 15 – Plano Americano — É o plano que começa um pouco abaixo do joelho. Muito usado para enfatizar ações de um ou mais personagens.

Plano Médio — PM

Algumas escolas consideram o plano médio conforme utilizado nas transmissões dos telejornais, ou seja, o limite deste plano termina na altura do busto do apresentador. Quando o PM é usado em cinema, o assunto principal e o cenário fundem-se. É um plano bastante usado em cinema e vídeo.

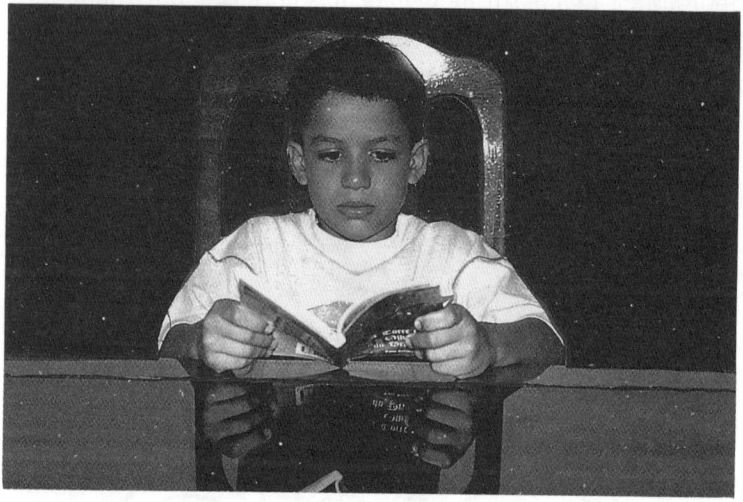

Fig. 16 – Plano Médio — A figura humana ou o objeto é filmado em meio corpo.

Plano de Detalhe

Alguns livros o citam como plano de pormenores.

Este é um plano muito polêmico, porque os que se dizem "entendidos" em cinema afirmam ser ele um *close*. É fácil verificar que esses entendidos estão equivocados. Só para exemplificar, faremos a seguinte pergunta: o que você classificaria como plano de detalhe? Todo um rosto ou apenas a boca? Claro que só a boca, uma vez que a boca é apenas um detalhe dentro do rosto.

Neste plano, apenas um detalhe dos personagens é destacado, como, por exemplo, um sorriso (aparece só a boca), os olhos, um aperto de mãos ou um gesto. Este plano permite dar um sentido completo à ação e um bom clima de suspense, insinuando toda uma situação objetiva ou subjetiva por intermédio de um simples detalhe que pode estar cheio de significação.

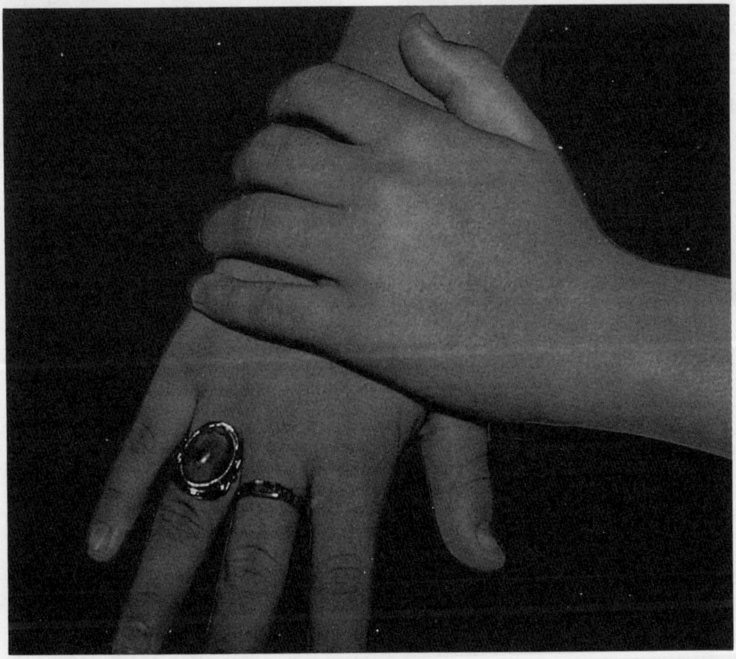

Fig. 17 – Plano de Detalhe — De acordo com o sentido que se pretende dar a esta imagem dentro de um contexto, o detalhe pode ser a mão ou o anel.

Primeiro Plano — PP

É a aproximação do plano médio, ou seja, você aproxima o indivíduo que estava focado na altura do peito e aproxima o *zoom* para pegar todo o rosto (ainda não é *close*). Neste plano, as expressões e as emoções do personagem ganham muita força, dando um ar de maior intimidade e fazendo com que o espectador seja emocionalmente envolvido na ação.

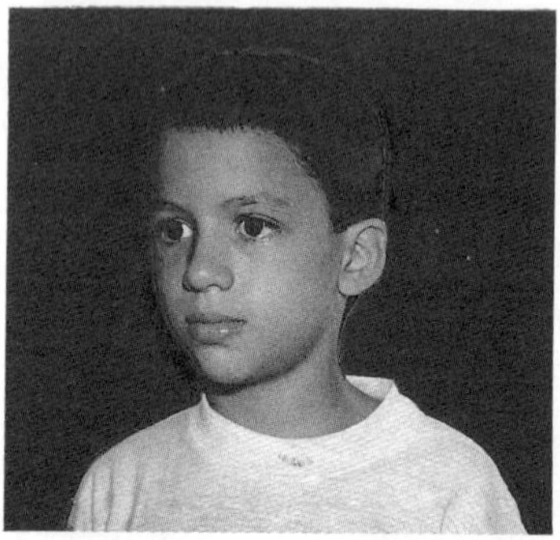

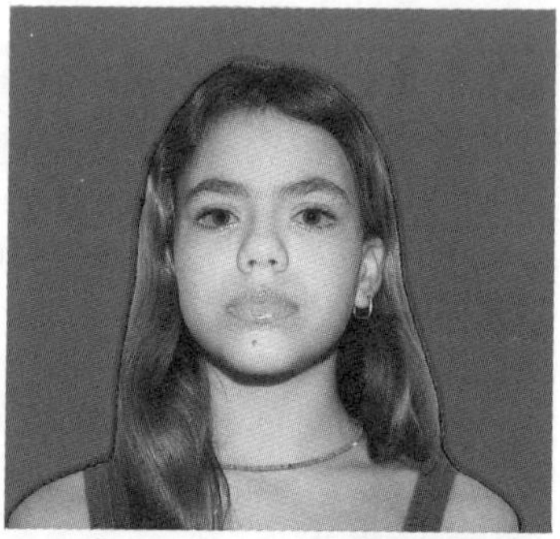

Figs. 18 e 18a – Primeiro Plano — É muito usado para enfatizar expressões faciais. É uma variante do plano médio.

Primeiríssimo Plano — Close-up

O *close* tem como principal característica um notável poder expressivo. Sua captação é fácil, seu tempo de leitura deve ser breve. Este plano revela claramente as emoções. É o plano mais usado por cinegrafistas amadores e pouco preparados. O cinegrafista de propaganda e publicidade é o que mais usa e abusa deste plano. Quem aprende a filmar sob a orientação de um diretor de novelas ou que aprende empiricamente como se filma, usa-o excessivamente para mostrar (como na TV) a beleza das atrizes, para ocultar a pobreza do cenário, ou, até mesmo, porque na televisão vale muito o que está sendo falado (áudio); a imagem (*close*) é apenas para justificar o veículo audiovisual que é a televisão. O abuso do *close* deixa o filme monótono e sem criatividade. Portanto, seja comedido ao usá-lo.

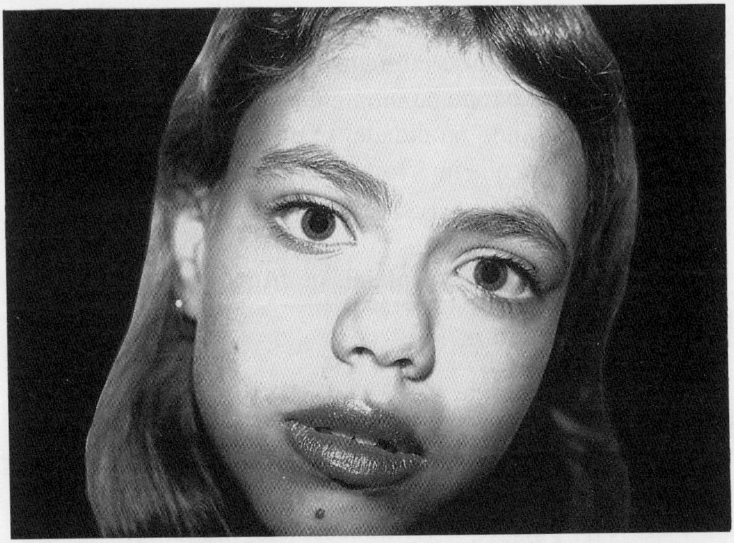

Fig. 19 – Primeiríssimo Plano ou *close-up* — Também enfatiza expressões e emoções, tal como o primeiro plano. Os cortes nas extremidades inferior e superior não quebram seu efeito expressivo e nem é errado fazê-los neste plano.

Plano de Corte

É o plano usado para modificar a seqüência e/ou a duração de seu roteiro de cenas. É um tipo de tomada bastante solicitada pelos editores. Um plano de corte muito freqüente e comum na TV, por exemplo, é o repórter prestando atenção nas entrevistas enquanto o entrevistado fala. Qualquer coisa pode servir de plano de corte, desde que tenha algo a ver com o tema principal. O plano de corte, às vezes, é confundido com plano de detalhe, só que ambos têm aplicações diferentes e em contextos diferentes. Vamos tomar como exemplo um homem em sua oficina consertando um televisor. Esta cena pode ser encurtada ou rearranjada, cortando para planos de televisores já prontos ou consertados nas prateleiras; ou o rosto do técnico pode servir como um corte de suas mãos nos circuitos, consertando. Os cortes podem servir para realçar a história.

O plano de corte pode servir também como passagem de um conjunto de cenas para outro, como, por exemplo: o mocinho conversa com uma mulher numa cabana nas montanhas; depois se despede, vai embora, e o câmera o acompanha até longe, depois corta para o topo da montanha, e, logo após, aparece o cavaleiro já entrando na cidade. O plano de corte aí está no topo da montanha, que interrompeu a seqüência, mas não tirou o seu sentido.

Ainda com relação aos planos de filmagem, temos alguns pontos a observar:

Dinamismo das cenas

- Objeto parado e filmadora parada: falta de dinamismo.
- Objeto parado e filmadora em movimento: mais dinamismo.
- Objeto em movimento e filmadora parada: mais dinamismo ainda.
- Objeto em movimento e filmadora em movimento: dinamismo total.

Esses pequenos detalhes trarão grandes resultados no produto final de seu filme. Lembre-se, imagem cinematográfica é essencialmente imagem em movimento.

Ângulos de câmera

Angulação é a posição que a câmera fica em relação ao objeto filmado, ou seja, você está filmando e, num determinado momento, resolve mudar de local para fazer a filmagem de outro ângulo. Exemplificando: ao filmar um rosto totalmente de lado, você só capta um olho, um pedaço da boca e uma parte da cabeça. Se a pessoa se virar dentro do cenário ou o cinegrafista se mover para outro local (ângulo), vai captar a filmagem de outra forma, vista de um ângulo novo.

A escolha do ângulo de filmagem deve levar em consideração o efeito que se deseja dar à nova cena ou ao contexto no qual está incluída. Devemos ter em mente o sentido de continuidade do filme e que, ao escolhermos a melhor angulação, a câmera estará em uma das três posições básicas:

1) câmera normal;
2) câmera alta;
3) câmera baixa.

Câmera normal

É usada no mesmo nível do motivo que está sendo filmado. A filmagem, nesta posição, exige que o filmador tenha de ajoelhar-se, apoiando-se em uma das pernas, abaixar-se ou, até mesmo, deitar-se no chão para filmar objetos de estatura reduzida. A câmera normal ou câmera plana, como também é conhecida, é muito utilizada em situações comuns de filmagem. A perfeita angulação, feita no momento exato, influencia muito a reação do espectador.

Ao filmar, dê um pouco mais de atenção aos ângulos de câmera. Nada mais enfadonho que uma cena como uma festinha familiar vista repetidamente de um mesmo ângulo.

A altura da câmera em relação ao assunto principal produz interessantes impactos visuais e transmite efeitos bastante significativos dentro do contexto do filme.

Figs. 20 e 20a – Câmera normal — Nestes exemplos, mostra-se como se faz a câmera normal e o efeito visual do ponto de vista do cinegrafista.

Câmera baixa

Como o nome já diz, a filmadora fica abaixo do assunto principal, e a impressão causada é a de uma pessoa agigantada. Quando a pessoa é muito alta, isso fica ainda mais acentuado. Tente fazer o ângulo de câmera baixa e observe o efeito interessante.

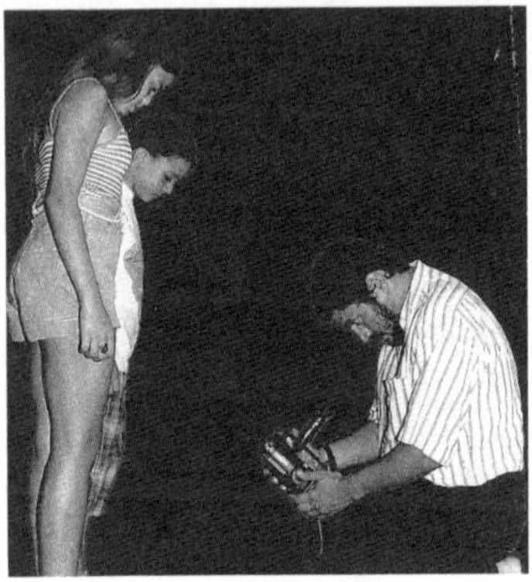

Fig. 21 – Câmera baixa — Exemplo de como deve ser feita.

Fig. 21a – Câmera baixa — Exemplo do efeito produzido.

Fig. 21b – Câmera baixa com filtro — Esta é uma câmera baixa com filtro que gera um efeito de "gigantismo". Muito usada em situações onde a pessoa principal do filme exerce uma posição de comando.

Câmera alta

Proporciona um efeito que dá a idéia de submissão. Neste ângulo, a filmadora fica acima do assunto principal. A maneira mais fácil e prática de se filmar em câmera alta é subir em um móvel ou em uma cadeira alta, posicionando-se em pé, apontando a câmera para baixo, para o que está sendo filmado.

Toda cena cinematográfica em que aparece um rei, sentado em seu trono, é mostrada em câmera baixa para dar um ar de imponência e grandeza ao rei. Quando, ao contrário, aparece alguém em posição de comandado, costuma-se filmar em câmera alta para dar um ar de subordinação e inferioridade.

Fig. 22 – Câmera alta — Exemplo de como se faz uma câmera alta.

Fig. 22a – Efeito produzido pela câmera alta.

Câmera subjetiva

Ainda podemos acrescentar ao tema angulação a câmera subjetiva, que acontece quando se coloca a câmera na posição que permite filmar do ponto de vista do personagem em uma determinada ação. Aquelas famosas cenas de perseguição automobilística em que, de repente, o bandido do filme olha pelo retrovisor e percebe que está sendo seguido são produzidas pela câmera subjetiva. Na hora em que aparece no retrovisor o outro carro, é aí que está o ponto de vista do motorista que a câmera tentou mostrar.

Este tipo de câmera possibilita um ângulo subjetivo, que se caracteriza também toda vez que há um contato direto entre o olhar da pessoa que está sendo filmada (jornalista na TV, ator dando um testemunho, atriz falando para o público) e o olhar do espectador.

Outro exemplo de câmera subjetiva é aquele em que, num filme, aparece uma pessoa olhando por uma janela de um avião e, logo depois, a câmera mostra a cidade lá embaixo. Então essa foi a maneira como o passageiro viu a cidade. Foi esse o seu ponto de vista.

Fig. 23 – Câmera subjetiva — Neste exemplo, a câmera representa o ponto de vista de quem está dando o presente.

Deve-se tomar cuidado nas filmagens para não saturar muito o espectador com um monte de câmeras altas, baixas ou subjetivas. Elas devem estar incluídas sempre dentro de um contexto. O bom operador, experiente e comedido, procura o melhor ângulo para cada situação, evitando assim a monotonia em suas realizações.

Paulo Antonio Pereira, em seu belo trabalho sobre cinema, *Imagens do movimento*, afirma: "Na angulação, a câmera é a janela por meio da qual o cineasta guia o olhar de quem assiste ao filme". Por isso, alertamos para o cuidado com o salto de câmera, que acontece quando, gravando alguma coisa ou pessoa pela frente, se muda bruscamente de ângulo, passando a gravar por trás. Esse salto vai desorientar o espectador e passar a impressão de algo que acontece de forma brusca e sem lógica.

Movimentos de câmera

Os movimentos de câmera, assim como os planos e os ângulos, devem ser feitos dentro de um propósito definido. Movimentar a câmera sem técnica e sem objetivo distrai a atenção do espectador e demonstra a inexperiência de quem filma.

Movimentos básicos de câmera

1) *zoom in* e *out* (movimento ótico);
2) panorâmicas (movimentos físicos);
3) *travelling* (movimento físico);
4) *dolly* (movimento físico).

Antes de entrar nos movimentos de câmera propriamente ditos, três regras básicas devem ser assimiladas:

REGRA 1

COMECE E TERMINE CADA MOVIMENTO COM UMA TOMADA PARADA E BEM COMPOSTA. Isso significa que quando se fizer o movimento escolhido, ao parar a câmera, a cena deve estar bem composta, enquadrada, sem tremidos e bem definida.

REGRA 2

SEMPRE SE MOVA DE UMA POSIÇÃO DESCONFORTÁVEL PARA UMA POSIÇÃO CONFORTÁVEL. Com essa regra, a câmera fica mais segura em suas mãos e os movimentos mais precisos. Em suma, relaxe bem os músculos toda vez que fizer um movimento de câmera.

REGRA 3

AO COMBINAR MOVIMENTOS DE PANORÂMICAS COM *ZOOM*, COMECE AS PANORÂMICAS UMA FRAÇÃO DE SEGUNDOS ANTES DO *ZOOM*. Comece girando o corpo, fazendo a panorâmica lentamente e, depois, antes da metade do percurso, comece o *zoom*.

Os movimentos de câmera dão mais ação e dinamismo às cenas, criando excelentes clímax dentro do contexto da sua filmagem. A segurança, a suavidade e a perfeição dos movimentos dependem da prática e da habilidade do cinegrafista quando a filmagem é feita com a câmera no ombro. A escolha de um bom tripé também influencia a segurança do movimento. Durante qualquer movimento de câmera, tenha o cuidado de manter a imagem sempre focada. Evite movimentos da câmera e do objeto filmado (aproximando-se ou afastando-se), porque nestas circunstâncias o foco torna-se bem mais difícil. Movimentos lentos, se levarem muito tempo para terminar, podem irritar e frustrar a expectativa de quem assiste, despertando impaciência e cansaço visual. Os movimentos rápidos têm condições de tornarem-se excitantes e interessantes, desde que não sejam feitos numa correria louca, de um ponto a outro, parando, de repente, de forma brusca e irresponsável.

A prática, o bom-senso, a lógica e, sobretudo, a moderação nos movimentos de câmera são fatores imprescindíveis e que resultarão num produto final de boa qualidade.

Bem, e agora entrando nos movimentos de câmera propriamente ditos, podemos denominá-los e classificá-los de três formas:

1) *panorâmica*;
2) *dolly*;
3) *travelling*.

Panorâmica

Existem dois tipos de panorâmicas: PAN-VERTICAL e PAN-HORIZONTAL.

Na pan-horizontal, a câmera (com o cinegrafista ou no tripé) gira em torno do seu próprio eixo, da esquerda para a direita ou vice-versa. É um passeio investigatório que a câmera faz em toda a cena. A panorâmica é muito usada em filmagens de paisagens de montanhas e mar, em salas de reuniões, estádios de futebol. Nesses casos, é toda feita no plano geral. Podemos tomar como exemplo um jantar de família. Todos dessa família estão sentados numa grande mesa, colocada em uma agradável varanda. O pai está sentado numa cadeira na cabeceira da mesa, na outra cabeceira está o filho. Pois bem, para pegar todos na filmagem de um canto a outro da mesa usa-se uma pan-horizontal. Então, fique de pé, escolha o plano que se encaixe melhor na pan (é assim que se fala entre cinegrafistas) e comece a filmagem bem devagar, respirando lentamente para que não haja tropeços e tremidos na imagem. Não pare o movimento no meio. Vá até o final da panorâmica. Ao chegar no ponto final da mesa, onde está o filho, procure enquadrá-lo bem no centro da imagem do visor. Se a sua filmagem estiver bem iluminada, faça a panorâmica com a câmera no automático, porque assim o foco não ficará prejudicado; caso contrário, se achar que a iluminação não é suficiente, coloque no foco manual e vá ajustando-o à medida que for fazendo a pan. Com a mão esquerda na objetiva (aquela que roda sozinha quando está no automático), gire-a lentamente, procurando manter a cena focada durante todo o percurso de pan-horizontal. Se estiver fazendo uma filmagem profissional, em estúdio ou para alguma situação comercial importante, use um tripé para que o movimento seja mais firme, contínuo e uniforme.

A panorâmica vertical é também conhecida como *tilt* e é feita no assunto principal de cima para baixo ou vice-versa. Para exemplificar essa pan, digamos que alguém está querendo mostrar um vestido num desfile de modas. Comece então a filmar dos sapatos (pode ser também da cabeça, tanto faz) e vá subindo, começando a mostrar o vestido. Faça o movimento bem lento e firme. Termine a pan num bonito sorriso da modelo. Toda essa panorâmica pode ser feita, por exemplo, junto com um plano americano e fechando num *close* no rosto da modelo. A escolha do plano para ser feito junto com a panorâmica fica a critério da criatividade de cada um.

É bom lembrar que ao utilizar qualquer panorâmica você deve mover a filmadora lenta e suavemente, estando ela na mão ou no tripé. Seja moderado. Mover a câmera muito lentamente cansa, faz perder tempo de filmagem e bateria. Movê-la demasiadamente depressa desperdiça fita e as imagens ficam tremidas.

Dolly

No movimento, a câmera desloca-se em direção ao assunto. Não confundir *dolly* com *zoom*. O *dolly* é feito fisicamente, ou seja, o assunto fica parado e a câmera é que anda. No *zoom*, a câmera e o assunto ficam parados e você os aproxima ou afasta opticamente por meio da objetiva.

Para exemplificar o *dolly*, vamos voltar à nossa modelo citada anteriormente. Suponhamos que o filmador vá fazer uma cena em que ela está parada. Ele resolveu fazer um plano aberto e um *dolly*. Então liga a câmera, coloca a modelo parada, sorrindo, e vai gravando e caminhando em direção a ela, frente a frente. Assim, foi feito o *dolly*, que também pode ser obtido afastando a câmera do assunto.

Fazendo o *dolly* junto com um plano adequado, você terá, na mesma cena, intimidade e dinamismo.

Travelling

No *travelling* (ou *travel*), há toda uma movimentação da filmadora no espaço, como aproximação, afastamento, movimento lateral e todos os deslocamentos durante a filmagem juntamente com o assunto. Para exemplificar, a nossa modelo sai do ponto em que está parada e se desloca em alguma direção. O câmera vai andando ao seu lado e gravando ao mesmo tempo. Outro tipo de *travelling* é aquele no qual alguém sai andando e a câmera vai perseguindo-o e gravando por trás.

Nas filmagens comuns (em VHS ou amadoras) podemos executar o *travelling* usando patins, automóveis ou até o skate. O mais importante no *travelling* é fazer com que o movimento seja suave, regular e sem pulos ocasionados por irregularidades do terreno, descuido do cinegrafista ou instabilidade da filmadora.

Para finalizar sobre movimentos de câmera, gostaríamos de relembrar alguns pontos importantes:

— Procurar sempre a estabilidade da filmadora.

— Usar junto com o *travelling*, ou qualquer movimento de câmera, o plano certo para cada situação ou clima que se quer dar.

— Usar o *travelling* e todos os movimentos de câmera comedidamente e dentro de um contexto apropriado.

Não podemos realizar um filme da mesma forma com que fazemos fotografia, pois, enquanto na fotografia o que importa é gravar um determinado momento, no vídeo o mais importante é mostrar os diversos momentos numa sucessão lógica, apresentando um princípio, um meio e um fim.

Antes de fechar este capítulo, queremos abordar ainda alguns itens importantes e que estão diretamente relacionados com tudo o que dissemos até agora. Esses itens referem-se ao aspecto do enquadramento, à perspectiva, ao *travelling* óptico (*zoom*), ao tripé e à estabilidade da filmadora.

Fig. 24 – *Travelling* — Deve-se movimentar a câmera ao mesmo tempo e junto com o assunto principal, para frente, para trás ou para o lado.

O enquadramento

Enquadramento é a colocação de um assunto principal (geralmente pessoas) em relação às margens da imagem. Isso significa que, dentro do visor, a imagem tem de ficar bem centralizada. Quando duas pessoas ocuparem a cena, divida as partes restantes da cena (lados, em cima e embaixo) em partes iguais. Cuidado, não coloque nem muito teto (margem de cima) nem muito chão (margem de baixo); a distribuição tem de ser igual e uniforme. Em qualquer ângulo, plano ou movimento de câmera, mantenha o assunto principal sempre bem centralizado no visor.

A perspectiva

Quando observamos uma cena em que duas pessoas da mesma altura estão a diferentes distâncias da nossa visão, a imagem da pessoa que está mais próxima aparecerá maior do que a da pessoa distante, mas, apesar disso, sabemos que ambas têm a mesma estatura. Portanto, fique atento na colocação de pessoas dentro da cena. Enquadre bem, planeje bem o clima da cena e atente para o possível efeito que pode causar a perspectiva dentro do contexto da filmagem.

O *travelling* óptico

A alteração da distância focal da objetiva *zoom* durante a filmagem traduz-se na aproximação ou no afastamento da imagem, como se a própria filmadora fosse movimentada. A esse efeito dá-se o nome de *travelling* óptico. A imagem desloca-se, mas não há a movimentação física da câmera (cinegrafista). O *travelling* óptico é um efeito extremamente interessante quando usado conjugado com a pan-horizontal, permitindo assim direcionar, do modo que desejarmos, a visão do espectador, unindo o efeito visual causado pela aproximação ou pelo afastamento da imagem à expectativa criada pela panorâmica. A diferença entre o *travelling* físico e o *travelling* óptico está na perspectiva e na profundidade de campo. No *travelling* físico o operador aproxima a câmera caminhando em direção ao motivo. No *travelling* óptico, câmera e operador ficam parados, e o motivo é aproximado ou afastado pela utilização da lente *zoom*.

A estabilidade da filmadora

Um grande problema, que normalmente acontece durante as filmagens, são os saltos e os solavancos que balançam muito a câmera, o que resulta em desagradáveis movimentos da imagem durante a reprodução do filme no videocassete. Para evitar que isso aconteça, sempre que possível respire devagar e lentamente e mantenha a filmadora no ombro o mais estável possível. Aí vão algumas dicas de estabilidade para o leitor:

1) Segure a empunhadura da filmadora com uma das mãos e apóie a outra na parte superior da filmadora.

2) Pressione suavemente a filmadora contra o rosto para obter maior firmeza.

3) Mantenha o corpo ereto, com as pernas ligeiramente separadas para ter suficiente estabilidade.

4) Procure respirar suavemente durante a tomada para evitar a oscilação da filmadora.

5) Mantenha sempre os músculos relaxados.

Fig. 25 – Nesta posição a câmera fica firme, na mesma altura do assunto, gerando uma imagem fiel e sem efeitos. Recomendada para filmar crianças na posição de "câmera normal" (ver fig. 20).

Aja de forma que, mais tarde, o espectador se delicie com a sua filmagem sem se dar conta que houve uma câmera gravando. Se você balançar ou tremer, vai desfazer todo o clima e ele (o espectador) perceberá a falha.

Alguns planos e movimentos de câmera causam bastante balanço na filmadora. Também as grandes distâncias focais, algumas vezes o *close* ou as baixas cadências de filmagem (movimento de câmera feito lentamente) tornam a estabilidade da filmadora realmente crítica. Se puder, você deve usar ainda alguns dos seguintes acessórios de suporte:

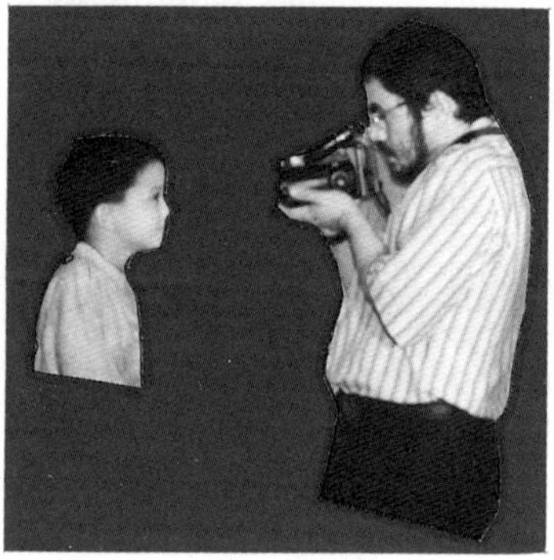

Fig. 25a – Exemplo de como segurar uma câmera 8 mm para obter uma filmagem sem saltos ou tremidos.

Monopé

Este acessório evita os movimentos verticais, porém não garante tanto a perfeita estabilidade horizontal da filmadora.

Fig. 26 – Usando um monopé, a imagem fica sem saltos, tremidos, e o filmador tem uma boa mobilidade.

Tripé

É o mais útil e o mais seguro em qualquer momento. O tripé, infelizmente, elimina uma grande vantagem da sua *camcorder,* que é a mobilidade. Apesar disso, os tripés são acessórios extremamente úteis em várias circunstâncias onde a mobilidade da câmera não é essencial, garantindo assim uma estabilidade inigualável.

CAPÍTULO III

A ILUMINAÇÃO

Para começar este capítulo, vamos abordar um assunto muito importante, porém muito esquecido pelos cinegrafistas: o *white balance,* que traduzido significa "balanço do branco". É o recurso que vai dar a fidelidade nas cores de acordo com as condições de luz ambiental. Se você quer ter um amarelo realmente amarelo ou um vermelho que não fique alaranjado, é necessário que se faça o balanço do branco antes da filmagem. Sendo o branco a soma de todas as cores, ajustando-se a câmera para o branco estaremos ajustando também as demais cores. O ajuste do branco é feito pressionando-se a tecla correspondente, enquanto se mantém a filmadora apontada para uma superfície branca. Para fazê-lo perfeitamente, procure uma superfície plana, sem irregularidades. Um conselho muito importante é que, toda vez que se mudar de ambiente, interno ou externo, com muita luz para outro de pouca luz ou vice-versa, não se deixe de fazer o *white balance*.

Hoje em dia já existe nas filmadoras a tecla "auto". Essa opção da tecla evita que o cinegrafista fique toda hora fazendo o *white balance* nas diversas condições ambientais de luz. É só deixar em "auto" e a câmera faz tudo sozinha.

Existem situações onde o balanço do branco pode não funcionar corretamente:

1) quando incidir luz natural e artificial, ao mesmo tempo, sobre o objeto;

2) quando forem utilizados efeitos especiais de luz nas gravações;

3) quando o fundo da cena for muito escuro;

4) quando não houver luz suficiente no ambiente da filmagem.

O balanço do branco no "automático" deve normalmente ser utilizado com uma certa margem de "temperatura de cor". A temperatura de cor é medida em graus Kelvin e as características de cor da câmera e da luz devem corresponder-se entre si. A mais alta temperatura de cor (100.000 °k) é o azul, e a mais baixa (1.000 °k) é o vermelho. Para operar de maneira satisfatória a sua *camcorder* com o *white balance*, veja as seguintes condições de luminosidade:

— A filmadora opera bem no automático com céu nublado, luz do Sol, lâmpadas fluorescentes, incandescentes e halógenas.

— Na opção *indoor*, a filmagem fica boa quando a iluminação do ambiente é satisfatória, como na luz de vela; a filmagem é viável com filmadoras de até 3 lux.

— Coloque na opção *outdoor* quando estiver num ambiente externo muito branco, tal como areia do mar, campos e, pela manhã, ao ar livre, com o Sol muito forte.

— Não se esqueça: quando filmar, procure, sempre que possível, iluminar bem a cena.

Na maioria das situações, a luz natural em ambiente aberto é a mais conveniente. Já em ambiente fechado (conforme as circunstâncias), mais facilmente haverá perda da qualidade de imagem se não houver iluminação adequada.

Técnicas de iluminação

Ao começar qualquer filmagem tenha sempre em mente que "uma boa iluminação pode significar a grande diferença entre uma imagem de alta qualidade e outra de baixa qualidade". Com isso devidamente assimilado, leve em conta também com que tipo de luz está lidando.

Em filmagens externas, a luz do Sol deve ficar por trás do cinegrafista ou num ângulo de 45 graus em relação à pessoa ou ao objeto que está sendo filmado. Procure um fundo contrastante com o objeto ou a pessoa filmada. Nunca aponte a filmadora diretamente para o Sol pois vai danificá-la. Compare isso a você olhar para o Sol. Um fundo muito branco pode provocar uma exposição incorreta e resultar em imagens com silhuetas (à contraluz).

Efeitos do Sol em diferentes horas do dia

O videasta amador não costuma ter uma parafernália de luminárias. Tem o suficiente para fazer uma iluminação razoável e/ou compensar sombras. Por isso, a maioria dos filmadores usa, na maior parte das vezes, como fonte de luz o próprio Sol. De acordo com a hora do dia, o Sol proporciona uma variedade de efeitos. O clima do filme e a mensagem que se deseja passar ao espectador têm muito a ver com a iluminação, as condições meteorológicas do momento, a estação do ano, etc. Quando fizer filmagem externa em dias de Sol aberto, pode acontecer que a iluminação resulte em sombras e na contaminação da imagem pelo azul e pelo vermelho.

Esses efeitos naturais da luz são determinados pela posição em que o Sol se encontra no momento da filmagem. Nesses casos, vejamos como proceder:

• Ao amanhecer — O Sol encontra-se numa posição inclinada, produzindo sombras alongadas por trás do assunto principal. Esse efeito da luz solar costuma dar relevo às paisagens e uma impressão de profundidade.

• Próximo ao meio-dia — O Sol nessas horas encontra-se em posição quase perpendicular à Terra, resultando numa luz de cima para baixo. Esse tipo de iluminação pode às vezes ser inconveniente. Se a filmagem, por exemplo, for de pessoas, somente a parte superior da cabeça e as partes proeminentes do rosto serão iluminadas, produzindo, assim, sombras sob os olhos e o nariz, dando a impressão de "olheiras". Para melhorar a luz nesse caso, coloque a pessoa de modo que a luz incida pela lateral.

Iluminação complementar

Quando uma parte do assunto, o rosto, por exemplo, está com a metade sombreada e a outra metade na luz, este problema pode ser resolvido com uma iluminação complementar.

Com a iluminação complementar pode-se adicionar luz à parte sombreada do rosto da pessoa ou de algum outro assunto principal, deixando-o claro por inteiro. Evidentemente essa iluminação complementar só será usada dispondo-se de corrente elétrica — o que, em certas ocasiões, seria muito dispendioso. Imagine o que seria filmar com três iluminadores de 1.000 watts? Procure portanto, sempre que possível, filmar sob a luz do Sol. Movimente-se de um lado para outro até achar o melhor lugar, evite as sombras.

Nos dias de Sol forte com o céu aberto, a iluminação é muito intensa, apresentando áreas de luz muito forte e sombras muito densas e escuras. De acordo com o lugar em que estiver o assunto principal ou a pessoa, pode ocorrer um contraste de iluminação muito ruim. Use a sua criatividade para tirar as indesejáveis sombras de sua filmagem.

Os dias levemente nublados, de um modo geral, apresentam uma ótima iluminação, com poucos contrastes, devido à difusão dos raios solares pelas nuvens. Esse tipo de iluminação elimina a maior parte dos problemas de luz devido especialmente ao pequeno contraste entre as áreas claras e escuras da cena. Também não exige o uso adicional de luz, pois a iluminação é uniforme e bem distribuída. Nesses dias, a luz natural dá uma intensidade suficiente para a correta iluminação da filmagem.

Iluminação em interiores

Grande parte das filmagens realizadas em interiores exige o uso de iluminação artificial, ou porque a luz que entra pelas janelas é insuficiente ou porque as lâmpadas comuns (incandescente ou fluorescente) não oferecem a quantidade de luz necessária para que a filmagem seja de boa qualidade. Quando filmar em algum interior, proceda tal qual se fez na filmagem em exteriores, observando o tipo de luz a ser usado, e faça o *white balance*. Utilize nas filmagens em interiores a lâmpada halógena em tripés próprios para essas luminárias.

Fig. 27 – Iluminação mista com lâmpada halógena. O assunto principal fica na frente da luz natural e recebe um reforço de luminosidade da luz halógena. As sombras ficam equilibradas e a qualidade da imagem é boa.

Um acessório de iluminação também muito útil, prático e cômodo são as luzes portáteis que se acoplam nas sapatas próprias que ficam na parte superior de toda filmadora. Comumente, esses iluminadores são encontrados com lâmpadas de 200 ou 300 watts.

Fig. 28 – Com este tipo de iluminação, o cinegrafista dispensa a ajuda de um iluminador. Ganha qualidade, mas o elemento complicador é a fiação. É recomendada para ambientes pequenos ou que tenham poucas pessoas. É necessária a ajuda de um *caboman* para que não se tropece nos fios.

Se o cinegrafista filmar uma festa à noite, num ambiente com luz normal, e se a luz do ambiente for proveniente de um iluminador de lâmpada halógena de 1.000 watts, as sombras vão aparecer, principalmente se quem estiver filmando ficar se movimentando com a câmera. Nesse caso, se não tiver muito tempo para fazer a devida compensação das sombras, tente, pelo menos, colocar as sombras por trás do motivo ou da pessoa filmada. Movimente-se com a câmera até achar este ponto ideal. É normal as sombras aparecerem em um dos dois lados do assunto principal. Pode-se também amenizar as sombras colocando em direção ao motivo principal duas iluminações, uma forte e outra mais fraca, ambas apontadas para o motivo a um ângulo de 45 graus. Uma boa dica é colocar o refletor apontado para o teto. Isso vai diminuir o risco das sombras aparecerem e vai reforçar ainda mais a luz normal do ambiente, proporcionando, assim, uma iluminação uniforme e suficiente para a filmagem.

Fig. 29 – Iluminação mista com luz natural e lâmpada incandescente. Para uma iluminação clara e uniforme, é recomendável que o assunto principal fique na frente da luz natural e embaixo da luz artificial.

Antes de prosseguir com mais algumas regras básicas de iluminação, é bom que o leitor entenda bem os vários tipos de lâmpadas e iluminadores mais usados em filmagens.

Lâmpada photo-flood (fotográfica)

É uma lâmpada fácil de ser encontrada nas casas especializadas em eletricidade e com a qual se pode montar um iluminador bastante útil. Esta lâmpada é quase igual à comum, que usamos em casa. A única diferença é que o filamento é fabricado para uma voltagem menor do que as normais. Quando em uso, o filamento é sobrecarregado, produzindo uma quantidade de luz muito maior do que as lâmpadas comuns. O efeito é semelhante ao que ocorre quando ligamos uma lâmpada de 110 v numa tomada de voltagem um tanto maior, porque o excesso de voltagem faz com que a lâmpada produza uma luminosidade superior. Devido à sobrevoltagem, as lâmpadas *photo-flood* têm uma duração de duas a seis horas de vida. Podem ser encontradas nas potências de 250 a 500 watts. Comparando as *flood* com as lâmpadas comuns, aquelas produzem uma quantidade de luz (em lux) correspondente às de 800 e 1.500 watts. As lâmpadas *photo-flood* podem ser encontradas nas cores branca e azul.

As de cor branca não nos interessam muito porque são mais apropriadas para o cinema de película. Já as lâmpadas azuis interessam-nos, principalmente porque produzem luz do tipo natural, com características semelhantes à luz do Sol. Por esse motivo, são as mais indicadas para as filmagens em interiores, onde se pode filmar satisfatoriamente até as 18 horas. As lâmpadas *flood* podem ser usadas em algum tipo de porta-lâmpadas, acopladas às filmadoras, em tripés, em cruzetas ou em refletores com pinças que podem ser instalados em cadeiras, portas, mesas ou qualquer acessório à disposição do iluminador. Uma desvantagem das lâmpadas *photo-flood* é que, à medida que vão sendo usadas, o vidro vai se enegrecendo, o que provoca uma queda de intensidade de luz e algumas alterações nas características da cor da lâmpada.

Existem as lâmpadas *photo-flood* espelhadas, também facilmente encontradas nas lojas e cuja parte posterior já funciona como refletor, podendo ser usadas em qualquer acessório que contenha soquete onde possam ser colocadas.

Existem também as *photo-flood* para baterias de 6 ou 12 volts que permitem obter uma iluminação conveniente onde não há rede elétrica, ligando-as nas baterias de automóveis ou baterias portáteis.

Lâmpada halógena ou de quartzo

As lâmpadas halógenas são formadas por um filamento encerrado em um invólucro de quartzo ou de substância semelhante, rodado por um halógeno, como o cloro e o iodo, sob forma de vapor.

São excelentes para o videoamador porque têm uma grande duração. Mantêm sempre a mesma cor e são muito luminosas. São atualmente as mais utilizadas. Existem nas variações de 600 e 1.000 watts.

Tome cuidado ao trabalhar com elas, pois aquecem bastante. Não toque nelas, mesmo quando estiverem frias, pois, ao ligá-las, elas poderão explodir. Se tocá-las quando quentes, pode haver queimaduras de 3º grau.

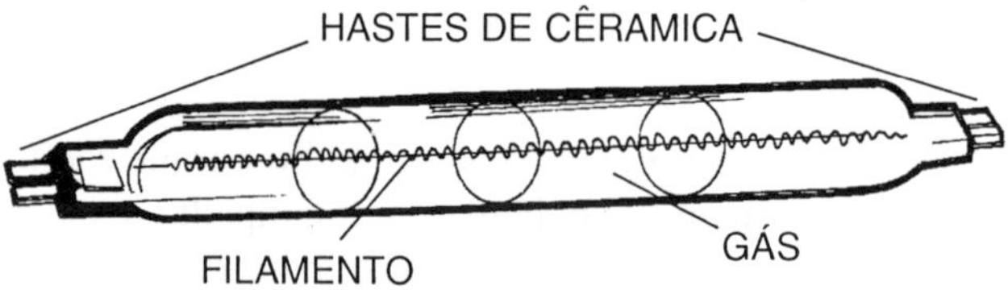

Fig. 30 – Lâmpada de tungstênio — Também conhecida como halógena ou quartzo, muito usada em grandes ambientes, pois gera uma luminosidade de 1.000 watts.

Já existe o iluminador turbo. Ele é seguro. Tem vidro anticalórico e quatro palas de proteção que abrem e fecham, sobrepondo-se ao vidro. Há, também, um ventilador por trás da lâmpada que a refresca, permitindo que fique ligada por mais de uma hora. Para o caso de uso contínuo, seu tempo de vida é de 15 horas.

Se for percebida na lâmpada de tungstênio acumulação de gordura ou impressões digitais, limpe a lâmpada com o auxílio de um pano embebido em álcool. Realize esta operação com a lâmpada desligada e fria.

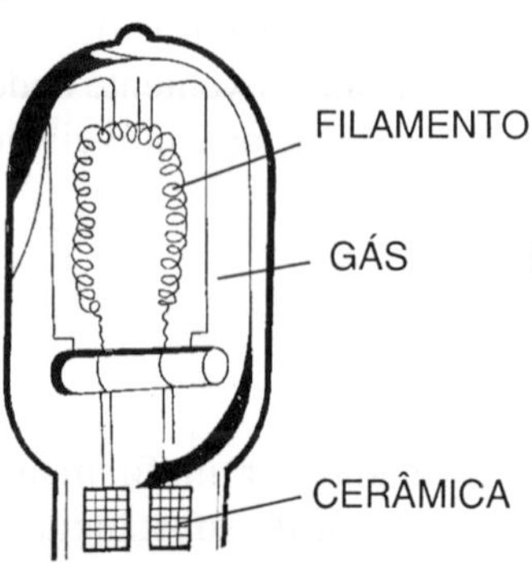

Fig. 30a – Lâmpada de tungstênio — Com formato de "bulbo". Também conhecida como halógena ou quartzo. Encontrada em 300, 500 e 600 watts.

Bem, agora que falamos sobre iluminação, monte seu equipamento de filmagem, mas antes de começar a gravar vamos conhecer mais alguns conceitos básicos.

Regras básicas de instalação

1) Antes de ligar as lâmpadas, certifique-se de que a voltagem da rede elétrica está de acordo com a voltagem das lâmpadas que irá usar.

2) A ligação de várias lâmpadas, de 1.000 watts principalmente, origina a sobrecarga da rede elétrica, esquentando os cabos. Quando as instalações elétricas são antigas ou malfeitas podem até desencadear um incêndio. Sempre que possível, pergunte a um eletricista se a rede é adequada para o tipo de iluminação que deseja instalar.

3) É sempre melhor fazer as ligações diretamente na caixa de luz. Mas só faça isso se for usar mais de 3.000 watts e com a ajuda de um eletricista.

4) As lâmpadas e todo o equipamento, após certo tempo de uso, ficam muito quentes. Deixe-os onde ninguém possa queimar-se acidentalmente, principalmente as crianças.

Regras práticas

Anteriormente foi dito que a luz complementar pode ser usada em várias situações ambientais, mas isso requer algumas regras práticas:

1) Não misture luz natural e artificial. Seu assunto pode ficar indefinido e o balanço de cores, *white balance*, pode não aceitar.

2) Sempre que possível, use iluminação indireta (luz apontada para o teto e não para o assunto). A luz direta no assunto origina fortes sombras.

3) Não mexa com as lâmpadas ou no tripé de luz durante a gravação, pois as sombras vão mudar de lugar, dando um efeito desagradável, chamando a atenção do espectador para elas.

4) Não ilumine o assunto muito de perto, pois o centro ficará muito mais claro do que as laterais.

5) Evite reflexos em vidros, espelhos e metais. Procure um fundo que seja fosco.

6) Não deixe as lâmpadas do refletor acesas inutilmente. Desligue-as toda vez que fizer um intervalo grande na filmagem.

7) Quando as luminárias estiverem em tripé apropriado, coloque-as num ângulo de 45 graus em relação ao assunto, uma à direita e outra à esquerda. Este tipo de angulação de luz proporciona uma iluminação bem mais homogênea.

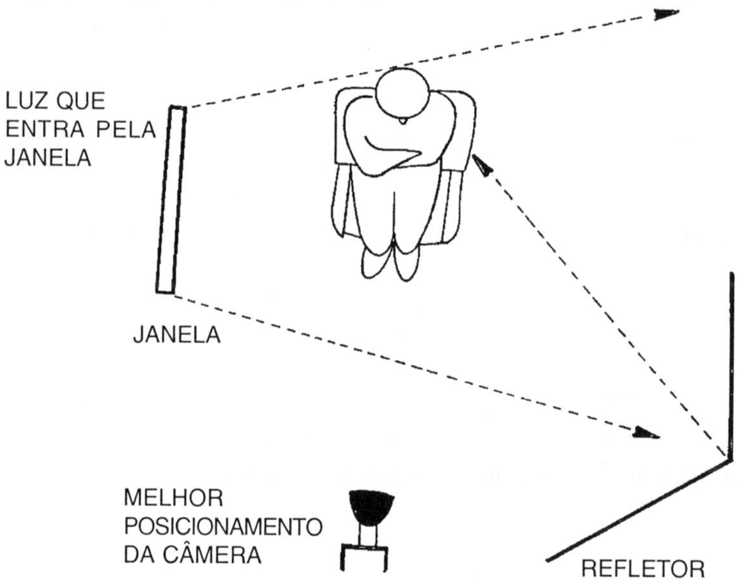

Fig. 31 – O melhor posicionamento da câmera nas tomadas com luz é na frente do assunto principal. Isso porém não é obrigatório e depende do sentido que se quer dar à filmagem.

Iluminação em diversas situações

Na praia

Evite situações de contraluz. Faça o balanço do branco. Se resolver filmar em um barco, fique atento ao aparecimento de contraluz devido à luz do céu refletida pelo mar. Faça as compensações que uma situação destas requer.

Casamentos

Faça o *white balance* no vestido da noiva (se for branco).

Coloque dois iluminadores no altar, apontados para o lugar onde os noivos ficarão.

Acompanhe toda a entrada dos noivos com iluminação móvel.

Na recepção, deixe um ou dois iluminadores fixos ligados ininterruptamente em lugar estratégico e que ilumine de forma abrangente. Ajude com uma iluminação móvel sempre. Se não conseguir tirar ou amenizar as sombras, coloque-se numa posição de filmagem de forma que a sombra fique por trás do assunto.

Fig. 32 – Com a iluminação indireta, evitam-se as sombras fortes e o ambiente fica bem iluminado o suficiente para se produzir uma imagem clara no filme. Como mostra a ilustração, não coloque as luminárias direcionadas para o assunto principal.

Balés e jazz em auditórios

Sugestão de planos: PG e fechar no máximo até PC. Esporadicamente alguns *closes*.

Sugestão de iluminação: geralmente não se usa iluminação artificial em balés ou outras danças, isso porque, em danças, usam-se os holofotes coloridos num bonito jogo de luzes, específicos para cada coreografia. Imagine uma iluminação artificial de halógeno de 1.000 w atrapalhando todo esse jogo de luz.

Conferências e palestras

De modo geral, toda sala onde acontece uma palestra ou uma conferência é bem iluminada devido à luz fluorescente, mas é bom que se ilumine o assunto principal com uma iluminação complementar.

Sugestão de plano: câmera no tripé; PM na pessoa que estiver falando, com algumas pan-horizontais esporádicas na mesa onde estão os demais conferencistas.

Sugestão de iluminação: luz de halógeno com 45 graus de ângulo em relação ao assunto, direcionada para o teto. Cuidado ao apontar diretamente esse tipo de luz para o rosto das pessoas.

Shows musicais

Para se filmar e iluminar um show musical com bons resultados, o cinegrafista deveria estar em cima do palco. Isso, provavelmente, iria atrapalhar as pessoas que assistem ao show. Portanto, o melhor a fazer é colocar a filmadora em lugar alto, acima e por trás do público e gravar usando o dispositivo *indoor*.

Sugestão de plano: PG com alguns planos fechados (PP, PA, PD) a escolher.

Sugestão de iluminação: só com o recurso *indoor* da filmadora, principalmente em shows lotados.

Jogos de futebol

Filmar um jogo de futebol oficial, num estádio, não é coisa fácil, uma vez que o acesso ao estádio com filmadoras é proibido e quem consegue chegar à platéia para filmar leva trancos que balançam a câmera, prejudicando a filmagem. Também a distância entre a platéia e o campo é muito grande, ficando o assunto principal da filmagem (os jogadores) muito reduzido. Para se filmar um futebol de amigos (uma pelada) já é mais fácil, e também os campos não costumam ser dentro de estádios. Então, posicione-se na direção da linha central do campo, pelo lado de fora, só use planos abertos e acompanhe, por meio de panorâmicas, todas as jogadas.

Num jogo de futebol de salão, a operação torna-se mais fácil, porque o campo é menor e o número de jogadores é reduzido.

Sugestão de plano: PG

Sugestão de iluminação: WB normal (em automático). Em estádio coberto usar *indoor*, se a câmera for de 7 a 10 lux.

Corridas de carro

Posicione-se de forma que se beneficie da luz do Sol. Isso porque todas as corridas são de dia. Se quiser acompanhar o carro, a toda velocidade, na hora em que ele passar use o *high speed shutter* ou filtro de alta velocidade para ter uma imagem definida e clara.

Sugestão de plano: PC — PG.

Sugestão de iluminação: luz do Sol.

No zoológico

Num jardim zoológico, as pessoas estão sempre a uma boa distância das jaulas dos animais. Portanto, a luz do Sol está, quase sempre, direcionada às jaulas. Para uma boa filmagem, basta que se escolham bons planos e que não se fique muito tempo filmando um mesmo bicho. Tente fazer uma fita variada e gostosa de ver, e lembre-se: vídeo sugere movimento — ao contrário da fotografia, que é estática.

Sugestão de planos: PA e PM nos bichos em movimento.

Iluminação: luz do Sol.

Churrascos

Os churrascos entre familiares e/ou amigos são eventos de muita descontração; são, portanto, motivo para uma filmagem alegre, divertida e criativa. Não grave as pessoas em *close*. Capte o máximo que puder: a alegria, as brincadeiras das crianças e dos adultos.

Sugestão de planos: PC, PD e *closes* esporádicos.

Sugestão de iluminação: de dia, luz natural. Em ambiente interno, luzes de 600 watts no máximo. Em varandas ou recinto semelhante, você deve ficar do lado de fora, de costas para o Sol, gravando de fora para dentro.

Jantares

Num jantar, o mais interessante de se gravar é o que acontece antes, ou seja, na hora em que as pessoas estão alegremente a conversar em grupos. Quando todos se estiverem servindo, ou comendo, faça *flashes* rápidos, pois nessas duas situações todos estarão fazendo a mesma coisa e você não terá tanta opção de imagens.

Sugestão de planos: PC, PP e PG nas pessoas em grupos ou individualmente.

Sugestão de iluminação: em ambientes pequenos, basta a luz portátil da filmadora ou uma luz de 600 watts apontada para o teto; em grandes ambientes, conforme o caso, uma ou duas de 1.000 watts.

Aniversários

O operador (cinegrafista) atento certamente vai encontrar em aniversários e casamentos coisas interessantes para gravar, possibilitando uma fita variada, dinâmica, agradável de ser vista.

A profundidade de campo na iluminação

Num dia de Sol, em casa ou na praia, haverá muita luz incidindo na objetiva da câmera e isso fará com que o diafragma se retraia para controlar a entrada de luz. Com essa compensação, você terá uma profundidade de campo muito extensa, de modo que tanto o fundo quanto o que está em primeiro plano aparecerão focados.

Em dias nublados, escuros ou com névoa, o diafragma da objetiva abre-se automaticamente, fazendo entrar mais luz na objetiva. Neste caso, pode haver uma profundidade de campo desfocada, sua movimentação e sua criatividade é que vão superar isso.

Fig. 33 – Sobreexposição — Muita luz natural ou artificial na imagem causa o efeito "esbranquiçado". Use o recurso *outdoor* na filmadora, não deixe que o assunto principal fique próximo a lâmpadas halógenas e também, sempre que possível, filme do claro (cinegrafista) para o escuro (assunto) em algumas situações a fim de evitar a sobreexposição.

Fique sempre atento à profundidade de campo e escolha o que é mais importante: o fundo, o que está à frente ou os dois. Haverá situações em que o que acontece no primeiro plano ou no fundo é mais importante do que o motivo principal. Há casos em que talvez nem interesse a profundidade de campo. Em outros, usa-se a profundidade de campo para desfocar os elementos do fundo que iriam distrair a atenção do motivo principal.

Pontos a relembrar

1) Ilumine, sempre e de algum modo, todas as suas filmagens.

2) Faça o balanço do branco, em todas as situações de luz, para conseguir cores mais fiéis.

CAPÍTULO IV

O VIDEOCASSETE

Os primeiros vídeos, suas origens e sistemas

VCR (do inglês *video cassette recorder*) é um aparelho destinado à reprodução, à gravação e a cópias com som e imagem para fins comerciais ou domésticos.

Os primeiros videocassetes surgiram em 1955 e eram de uso exclusivo da indústria televisiva. A partir de uma imitação das fitas e do gravador de *compact-cassette* de áudio, os fabricantes, no final da década de 1960, aceleraram as pesquisas, visando conceber um tipo de aparelho de uso doméstico que gravasse imagens e que tivesse baixo custo. Esse aparelho utilizaria a técnica do cassete de áudio adaptado às exigências da gravação de vídeo (imagens). Em 1969, foi lançado o formato U-matic; seu alto custo, porém, deixou-o restrito à indústria televisiva. Com uma qualidade técnica muito boa e uma operação simplificada, o U-matic ficou com uma operacionalidade que permite tomadas externas, facilitando assim o trabalho de reportagens.

O primeiro vídeo doméstico, propriamente dito, foi lançado pela Sony, em 1975, cujo formato se denominou Betamax e se caracterizou como o primeiro vídeo doméstico de custo reduzido. Em 1977, querendo entrar no mercado, a JVC japonesa introduziu no mercado o formato VHS (*video home system*), que, de forma surpreendente, se impôs no mundo todo. O VHS era semelhante ao Beta, porém até hoje são incompatíveis em seus sistemas e fitas. Agora, predominando mundialmente, o VHS toma conta praticamente de 90% do mercado de vídeo. Todos os fabricantes mundiais de equipamentos, fitas, filmadoras e vídeos optaram pelo sistema VHS. O sistema VHS é usado pelos fabricantes da Hitachi, JVC, Magnavox, Mitsubishi, Panasonic, Quasar, RCA, Technicolor, Sharp, CCE, Sony e Sanyo.

Estudos e pesquisas levaram o VCR a ficar cada vez mais compacto e de fácil operacionalidade.

O VCR reproduz sinais eletrônicos de vídeo provenientes de uma filmadora, de câmera de estúdio televisivo e da transmissão de televisão.

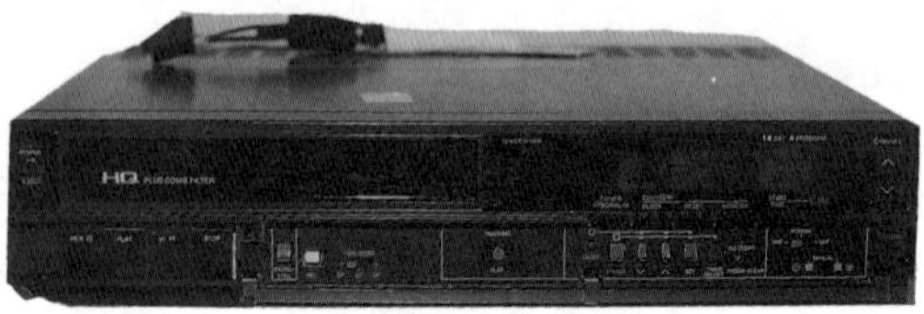

Fig. 34 – Um modelo de videocassete.

O aparecimento dos vídeos em substituição às bitolas 8 mm e 16 mm

Bitolas super 8 mm e 16 mm surgiram a partir do aparecimento da bitola do cinema profissional, a de 35 mm. Os empresários visaram ao público consumidor que poderia captar imagens e fazer produções caseiras usando um aparelho de grande mobilidade e praticidade. O super 8, quando surgiu, virou moda em todo o mundo, com suas máquinas cada vez mais compactas e versáteis. Existiam verdadeiras indústrias de filmes, máquinas e equipamentos nesse sistema. O super 8, porém, com o tempo, foi-se tornando pouco prático. Os filmes eram de no máximo três minutos de duração, o que levava o cinegrafista a ter em cada filmagem uma média de vinte a trinta rolos de filmes prontos para serem trocados. Em um casamento com quatro horas de duração, por exemplo, o filmador tinha de ter em sua bolsa de trabalho uma média de quarenta a oitenta filmes que, ao final, prontos e editados, resultaria, em média, em 15 minutos de filme, ou cinco rolos.

O filme de videocassete só perde para o seu antecessor (super 8) em durabilidade. Até hoje, cerca de setenta anos depois, podemos assistir aos filmes de Charles Chaplin, O Gordo e o Magro, etc. com uma qualidade satisfatória. Uma filmagem em fita de vídeo começa a desmagnetizar-se (dependendo da qualidade da fita) com cerca de cinco anos, e são também extremamente sensíveis ao frio, ao calor, a quedas, a contatos com aparelhos magnéticos ou eletromagnéticos. Já nos filmes de cinema (película) nada disso acontece. Para a indústria televisiva, o surgimento dos VCRs trouxe a grande vantagem de as cenas serem gravadas e poderem ser reproduzidas. Por exemplo, antigamente, o ator representava e a cena era transmitida na mesma hora sem nenhuma gravação; com o advento do VCR, as cenas podem ser gravadas, guardadas, estudadas e depois reproduzidas na emissora de TV. Dessa forma o ator pode assistir às suas cenas e avaliar o seu desempenho.

O código de cor

Codificação e transcodificação

O vídeo que já vem com o padrão de cor do seu país de origem é chamado "vídeo puro". Se alguém comprar um vídeo nos Estados Unidos, ele virá em NTSC, que é o código de cor dos EUA. Então, para se ter uma reprodução em cores aqui no Brasil, tem de se fazer uma transcodificação para o nosso código de cor, que é PAL-M. Os dois sistemas de cores utilizados atualmente empregam distintos procedimentos de codificação e decodificação (transcodificação) das cores, sendo totalmente incompatíveis entre si.

O primeiro sistema inventado, em 1953, é ainda utilizado na América, no Japão e em alguns outros países. É conhecido como NTSC.

O sistema PAL, que é o padrão de cor europeu (exceto na França), é um aperfeiçoamento do NTSC, adotado no Brasil como PAL-M.

• NTSC (*national television system committee*).
• PAL-M (*phase alternation by line*).

A instalação

Etapas de instalação de um VCR — ligação de um VCR à TV

O esquema da conexão de VCR ao receptor de TV é apresentado a seguir:

As bandas de freqüência das emissoras locais são captadas pela antena de VCR (geralmente a mesma que é usada pela TV, interna ou externa) e alimentam o divisor de VHF, de onde ficam disponíveis para processamento pelo VCR.

Um videocassete precisa estar bem instalado para funcionar satisfatoriamente. A instalação do vídeo exige sua ligação a uma antena, a um televisor-monitor, a uma fonte de alimentação e, se possível, a um aparelho de som estereofônico (para melhorar a reprodução do som do VCR), a um outro vídeo para copiar ou editar uma fita ou a uma câmera. As ligações são típicas e feitas da mesma maneira para a maioria dos videocassetes.

Precauções ao instalar um videocassete

Além das precauções já descritas nos manuais dos vídeos, verifique também o seguinte:

— Evite colocar o vídeo em locais com excesso de calor ou de umidade.

— Certifique-se de que está obtendo um sinal forte da antena. Dentro do vídeo, o sinal da antena é distribuído tanto para o vídeo quanto para os terminais da antena do televisor. Assim, se a sensibilidade na saída da antena for muito baixa, a perda de sinal, devido à fraca distribuição, pode resultar na deterioração tanto da imagem da TV quanto da gravação em videocassete.

— Verifique se a sintonia fina foi ajustada para um canal inativo (canal que não é usado na sua cidade). O sinal de saída da reprodução de vídeo será melhor ajustado quando se utiliza esse canal.

— Certifique-se de que a sintonia fina e o *tracking* do vídeo também estão ajustados.

— Revise todas as ligações e a cabeação.

Ajuste do televisor na sintonia fina

Antes de usar qualquer televisor com um videocassete, é necessário ajustar um canal de receptor na TV (canal de monitoração) para aceitar o sinal de vídeo. Consulte o manual do seu televisor para saber o correto uso dos controles de sintonia fina. Vá rodando o botão da sintonia até achar a imagem e o som ideais do canal de vídeo escolhido (3 ou 4). Caso a imagem não apareça, revise os cabos de ligação e veja também se a fita se encontra no compartimento.

O procedimento certo é o seguinte:

1) Certifique-se de que o vídeo, o televisor e as antenas estão bem ligados.

2) Ligue o televisor.

3) Pressione a chave VCR/TV no vídeo (isso fará a interligação entre o vídeo e a TV).

4) Coloque o seletor de programas em VCRs (se o seu modelo de vídeo necessitar que seja assim). Nos modelos atuais, VCR e TV estão conjugados em uma só tecla.

5) Selecione um canal para monitoração (3 ou 4) no vídeo.

6) Selecione um canal de TV no console de sintonia fina do televisor, de preferência um canal não usado, para evitar interferências.

7) Ajuste o botão da sintonia fina de modo que o programa escolhido apareça com imagem boa e som audível. Este controle de imagem e som deve ser feito no botão correspondente ao canal escolhido(3 ou 4).

Entrada de antena

O terminal de antena da TV é para ser ligado no terminal de ANT IN do vídeo. Se o cabo da antena é coaxial (cabo redondo, cujo *plug* tem internamente um pequeno arame da espessura de um alfinete, de 75 ohms), ligue o cabo diretamente ao terminal VHF IN, ou RF com um conector RF; se o cabo for paralelo, 300 ohms, use o adaptador (hoje em dia os cabos já vêm com o adaptador de 75 para 300 ohms em uma das pontas).

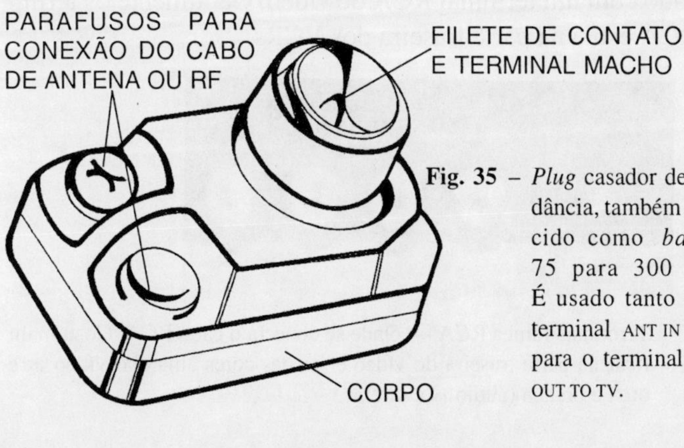

Fig. 35 – *Plug* casador de impedância, também conhecido como *balloon*, 75 para 300 ohms. É usado tanto para o terminal ANT IN quanto para o terminal RF ou OUT TO TV.

Como conectar um cabo (popularmente chamado fio)

Um cabo deve ser conectado em seus terminais (macho e fêmea), obedecendo-se à seguintes especificações:

— Cabos RCA só são compatíveis com terminais RCA.

— Terminal de antena só é compatível com *plug* rosqueável (ou *baloon*), fio paralelo ou coaxial.

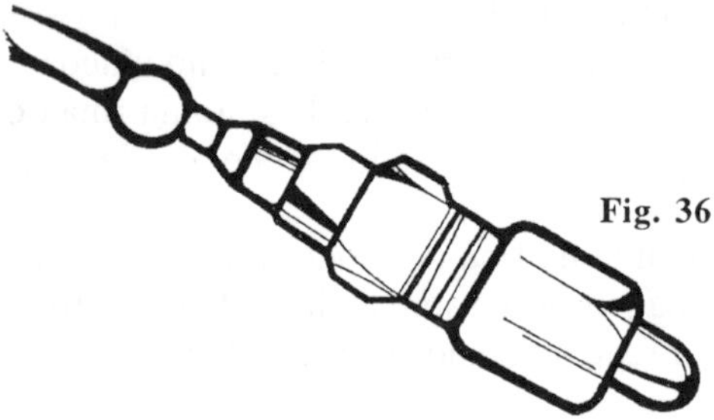

Fig. 36 – Cabo RCA — Usado para cópias e edição domésticas na ligação entre dois vídeos ou vídeo + câmera.

Tipos de cabos

— Cabos de vídeo — Terminais duplos RCA de áudio e vídeo.

— Cabo coaxial — Geralmente usado com conectores de baioneta BNC, usados em geral em equipamentos domésticos.

— Cabo BNC — Os conectores BNC são utilizados também para cabo coaxial e têm robustos acoplamentos de baioneta.

— Cabo RCA — É padrão em HI-FI; cada um leva um só canal de vídeo e áudio através de um cabo coaxial delgado. Deve ser usado com um terminal RCA de vídeo. Geralmente os terminais RCA estão na parte traseira dos VCRs.

Fig. 37 – Terminais fêmea RCA — Onde se conecta o cabo RCA. Costumam ficar na parte traseira do vídeo e ser das cores amarela (vídeo IN e OUT) e branca (áudio IN e OUT).

— Cabo duplo de alimentação de 300 ohms — Cabo de alimentação, duplo, com uma resistência de 300 ohms, padrão para os receptadores nos Estados Unidos e no Japão, onde os principais canais estão na faixa do VHF.

— Conversor — Para se passar de um cabo coaxial de 300 ohms para condutor duplo de 75 ohms, deve-se colocar um conversor (casador de impedância).

A operação

Procedimentos básicos de operação do VCR

a) Sistemas de carregamento:

— Carregamento frontal (*front loading*) é o que predomina até hoje. A fita é colocada pela frente do vídeo.

— O carregamento superior (*over loading*) foi usado nos primeiros VCRs domésticos. A fita era colocada pela parte superior (por cima) do VCR.

b) Controles, teclas e funções:

— POWER,TV/VCR, PLAY — É o comando básico e principal para todos os vídeos e que gera o funcionamento da TV e do VCR quando interligados.

Fig. 38 – Terminal BNC-VHF — Onde se faz a ligação entre o videocassete e a televisão. Sempre são dois: OUT TO TV (saída para a televisão) e IN FROM ANT (entrada da antena).

— Ajuste do relógio — O relógio de um videocassete tem um *display* de diodo que pode variar de brilho. Quase sempre é um relógio de 24 horas, que deve ser ajustado cuidadosamente. Muitos videocassetes possuem bateria recarregável, que atua quando há uma interrupção da corrente elétrica e, neste caso, um oscilador de quartzo toma para si as funções, mantendo o relógio em funcionamento.

Programando o vídeo

Programar o vídeo é deixá-lo preparado para se fazer uma gravação com dia, hora e canal predeterminados, dispensando a presença do programador no momento da gravação.

O procedimento usual é o seguinte:

a) Coloque a fita no compartimento do vídeo, com o lacre intacto.

b) Pressione a tecla de apagamento das programações anteriores (geralmente costuma ser a tecla AFC).

c) Pressione PROG.

d) Defina dia, hora do início e fim, canal e velocidade de gravação, sucessivamente, usando as teclas SELECT ou SET +/-, de acordo com o modelo do VCR:

— Selecione o item a ser definido por meio da tecla SELECT. O item escolhido começará a piscar.

— Defina os dados desejados através das teclas SET +/-.

e) Pressione TIMER — essa chave serve para acionar o modo de espera PLAY, PAUSE E REC de programação. O TIMER é para realizar uma gravação automaticamente.

Passando e assistindo à fita (modo play)

Assistir a uma fita no vídeo (esta função costuma ter nome de *playback*) é o procedimento mais simples, comum e usual em vídeo de qualquer espécie. Em qualquer operação ou modo, seja qual for a finalidade, sempre terá de se assistir à fita antes de se fazer o procedimento escolhido. Para isso, basta colocar a fita no compartimento do cassete, pressionar POWER e, logo após, PLAY e assistir à fita. Verifique também os processos de instalação do VCR na TV.

Copiando

Para se copiar uma fita precisa-se de dois VCRs, sendo um *play* e outro *rec*, ou seja, um passa a fita e o outro copia.

Tome as seguintes precauções ao copiar uma fita:

a) Observe o lacre na parte traseira da fita *rec* (fita na qual se irá gravar).

b) Saiba a procedência da fita *play* (fita que vai ser reproduzida) para a devida colocação da chave do sistema de cor (NTSC ou PAL-M).

c) Observe se a ligação está correta nos terminais RCA.

d) Escolha a velocidade de gravação no vídeo *rec*: SP, EP, SLP, respectivamente, duas, quatro ou seis horas, atentando para o fato de que na velocidade maior é menor o número de horas, mas é melhor a qualidade de imagem e som.

Audio dubbing

Audio dubbing é o processo usado para gravar uma música ou um outro áudio sobre o que foi anteriormente gravado na fita. Sempre no *audio dubbing,* o som original é apagado; mas só o som, a imagem continua.

Edição

Editar é montar uma fita por meio de cortes e inserção de imagens que mais convierem a um fim preestabelecido. Usam-se, comumente, em edições caseiras, dois vídeos interligados nos terminais RCA e um televisor. No vídeo *rec*, usado nas edições domésticas, usa-se apenas a tecla PAUSE, pressionada para não gravar ou soltando-a para gravar a cena ou imagem desejada.

Limpeza e manutenção

A conservação do VCR dependerá de sua limpeza e manutenção. Proceda da seguinte maneira na manutenção do VCR:

— Nunca lubrifique ou limpe qualquer peça contrariando recomendações do fabricante.

— Ao proceder à limpeza, sendo você um leigo, utilize um pincel seco em toda a superfície do vídeo; evite pano molhado, principalmente quando o aparelho estiver quente. Evite também panos que soltem fiapos, porque os fiapos, tal qual a poeira, penetram pelos orifícios de ventilação do aparelho, alojam-se em alguns componentes e engrenagens danificando-os e, conseqüentemente, contribuindo para o mau funcionamento do aparelho.

— Compre, se possível, uma capa de proteção para o vídeo para cobri-lo nas horas em que ele não estiver sendo usado. Somente se o material for poroso é que a capa poderá permanecer quando o aparelho estiver em funcionamento.

— Evite usar flanelas, pelo motivo já especificado anteriormente.

— Procure desligar o vídeo a cada cinco horas de uso contínuo. Se você estiver com pressa de usá-lo outra vez, coloque um ventilador atrás do aparelho para ajudar no resfriamento.

— Os outros procedimentos de limpeza são internos, competindo a um técnico ou assistência técnica especializada.

Conservação

Nunca exponha por muito tempo o vídeo ao frio ou ao calor.

O relógio gasta em média 2% de energia com o vídeo desligado, cabe ao usuário fazer a escolha de desligá-lo ou não da tomada.

CAPÍTULO V

A FITA E A MONTAGEM DO FILME

A fita de gravação

O aspecto físico da fita

A fita de vídeo constitui-se de uma caixa de plástico duro com dois carretéis internos.

Fig. 39 – Aspecto físico da fita de videocassete VHS.

A película é coberta por três camadas: óxido de ferro, dióxido de cromo e ferro com cobalto. São essas partículas magnéticas microscópicas que guardam, na película, as imagens e os sons em forma de impulsos elétricos.

Fig. 40 – Aspecto físico de uma fita 8 mm.

A película da fita de vídeo VHS tem 1/2 polegada de largura. A tampa de proteção frontal da película tem uma aba que se ergue quando a fita é introduzida no vídeo. Fora do aparelho, a tampa fica travada, protegendo a fita magnética (película) de fumaça de cigarro, poeira, impressões digitais, fios de cabelo e gotículas de líquidos.

Existem muitos fabricantes de fita. Para se saber que tipo de fita está sendo comprada, atente para as indicações no rótulo. O modelo ideal deve ser escolhido de acordo com o uso que se quer fazer. Existem diversos símbolos e siglas que confundem o consumidor. Os tipos de fitas mais comuns no Brasil são: *high grade* e *standard*.

As fitas *standards* são especialmente projetadas para transposições de 35 mm para vídeo e em duplicações para locadoras. São as fitas mais usadas pelas distribuidoras de filmes Warner Vídeo, Vídeo Ban, Manchete Vídeo, etc. e servem também para quem gosta de fazer gravações da televisão utilizando várias vezes a mesma fita. As fitas HG (*high grade*) já são ideais para as gravações de arquivo ou imagens que não se

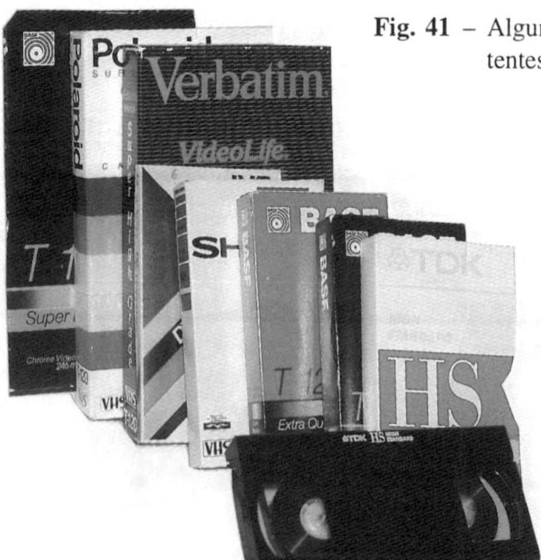

Fig. 41 – Algumas marcas de fitas existentes no mercado.

pretende apagar e são apropriadas para gravações por meio de filmadoras.

É aconselhável usar apenas fitas de boa qualidade e de marcas reconhecidamente idôneas. Só um bom fabricante pode assegurar que uma fita suportará até 500 passagens pelo vídeo, seja gravando ou copiando.

A escolha certa:

1) Prefira marcas conhecidas ou pelo menos que tenham referências de pessoas que realmente entendam de fita.

2) A fita tem de ter garantia do fabricante. Se na embalagem não há referência em relação a isso, é um péssimo sinal. Desconfie da qualidade nesses casos.

3) O fato de uma fita ser importada não significa que seja melhor que as nacionais. As características técnicas é que devem ser levadas em conta na hora da compra.

4) Os preços das fitas, geralmente, aproximam-se; portanto, desconfie quando houver grandes diferenças de preço entre dois tipos de fitas semelhantes.

5) A oferta de fitas no mercado é enorme. Por isso, vale a pena pesquisar bem antes de se decidir por este ou aquele modelo.

6) É imprescindível verificar bem a compatibilidade da fita com o seu aparelho. Independentemente do que diz o vendedor, saiba que os formatos existentes (VHS, Betamax, S-VHS, U-matic) são todos incompatíveis entre si: fita de um formato não serve em vídeo ou filmadora de outro.

A duração da gravação e a velocidade da fita

O tempo de gravação da fita está obviamente ligado a sua velocidade.

Copiando ou editando em uma velocidade mais baixa, a cópia perde em qualidade de áudio e vídeo (imagem e som), embora isso não seja muito perceptível a olho nu. Aí está, portanto, o motivo de as *camcorders* só gravarem na velocidade SP, o que vai gerar uma fita matriz de qualidade.

O leitor encontrará fitas com duração variável no formato VHS. Antes de entrar no quadro de velocidade e duração, é bom conhecer as siglas convencionais referentes à velocidade.

SP — *Standard play* ou velocidade padrão com duração de duas horas.

LP — *Long play* ou velocidade longa, mais lenta que SP, duração de quatro horas.

EP — *Extended play*, velocidade estendida ou SLP — *Super long play*, seis horas.

Estas duas, EP e SLP, são a mesma coisa, só muda o nome, de acordo com algumas marcas e modelos.

Quadro de velocidade no formato VHS

Código do modelo da fita	Velocidade/Duração		
	SP	LP	EP(SLP)
T-20	0h20	0h40	1h00
T-30	0h30	1h00	1h30
T-60	1h00	2h00	3h00
T-90	1h30	3h00	4h30
T-120	2h00	4h00	6h00
T-160	2h40	5h20	8h00

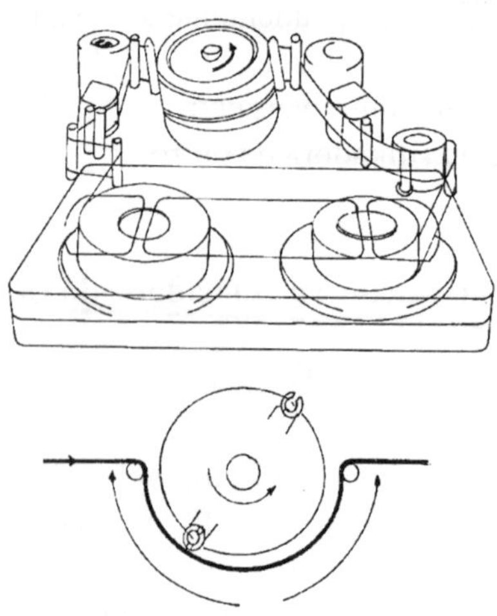

Fig. 42 – Ilustração de como fica a fita dentro de um vídeo ou filmadora.

Recomendações práticas

Para a filmagem doméstica, quando não for necessária a edição, ou mesmo quando se tem a intenção de gravar muitos acontecimentos sucessivos, use uma fita T-120 (de duas horas), que é suficiente para registrar muita coisa.

No entanto, para uma produção profissional que vai ser mostrada a um público, uma edição deverá ser feita, por isso, é aconselhável uma fita de menor duração. Por exemplo, uma T-30 (no máximo), em SP. Isso porque o filme profissional — comercial, quando muito grande, é antieconômico e satura o espectador. A duração de um filme de ação (desses que se pega na locadora) tem uma razão de ser; já no filme comercial, a intenção é outra. Com esse procedimento, poupa-se tempo e agrada-se ao espectador.

Fig. 43 – Nomenclatura das partes por onde a fita passa quando está dentro de um videocassete ou filmadora.

A segurança da gravação

A importância da gravação contida na fita fica a critério do dono. Se você achar que é importante ter essa ou aquela gravação para sempre ou por um longo período e não quiser desgravá-la, então o que se tem a fazer é tirar o lacre de segurança. Isso vai evitar também que outras pessoas, ao usarem a sua fita e ao manusearem o seu vídeo, gravem acidentalmente por cima do que foi gravado. O lacre de segurança fica na parte de trás do estojo da fita.

Os *dropouts*

O atrito com as cabeças magnéticas desprende várias partículas cada vez que a fita corre no videocassete, seja para gravar, reproduzir ou rebobinar. Daí, com o tempo, vão surgindo os *dropouts*, que são aqueles pontos e traços brancos, nas imagens correspondentes a uma parte da fita desmagnetizada por pó, sujeira, atrito do dedo, gotículas ou amassado. O pó penetra e vai aderindo à superfície da fita.

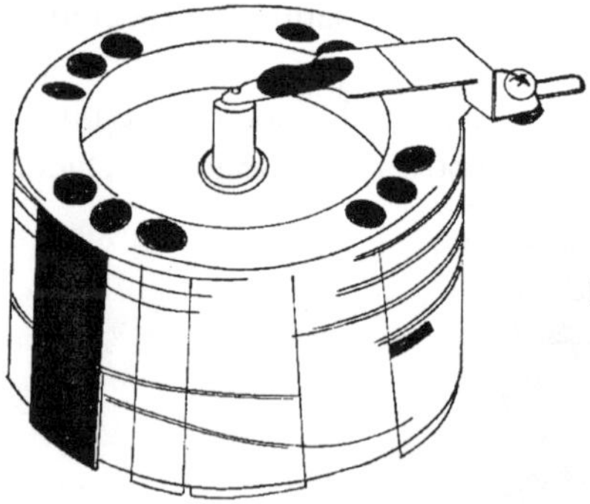

Fig. 44 – Uma cabeça (ou cabeçote) é o "coração" de um vídeo ou de uma filmadora. Se ela parar, tudo pára também.

A umidade na fita

O excesso de umidade atua como uma cera de polimento sobre a superfície da fita acelerando o desgaste. Mudanças bruscas de temperatura provocam distorções em alguns trechos da fita.

Deixe sempre a fita se aclimatar ao novo ambiente onde será usada ou guardada. Se for em um vídeo, espere uns vinte minutos antes de retirá-la. Se tirá-la rápido do vídeo, passe imediatamente para a capa ou estojo de proteção. Lembre-se também que o maior inimigo da fita é a poeira.

Cuidados na manutenção e na conservação da fita

Você pode aumentar o tempo de vida útil da sua fita cassete procedendo da seguinte maneira:

— Nunca deixe as fitas no interior do carro em dias muito quentes, jogadas no sofá ou qualquer local sujeito à poeira ou à umidade.

No caso de umidade e temperatura alta, é uma boa alternativa guardar as fitas em caixas de isopor com silício gel e, se possível, protegidas por aparelhos de desumidificação.

— Guarde as fitas sempre dentro dos estojos e na posição vertical, com o rolo mais cheio para baixo.

— Na posição horizontal, as fitas tendem a afrouxar a bobina interna e, com isso, encostar na parte de baixo. Com o tempo, podem surgir frisos e rugas nas fitas, retorcendo-as irremediavelmente.

— A posição natural das fitas é rebobinada até o começo. Por isso, após assistidas, rebobine-as completamente, evitando assim distorções.

— Quando se trata de um grande número de fitas gravadas, mas de pouco uso, recomenda-se para sua manutenção, a cada quatro meses, avançá-las totalmente e, depois, rebobiná-las para evitar afrouxamento ou tensionamento das mesmas.

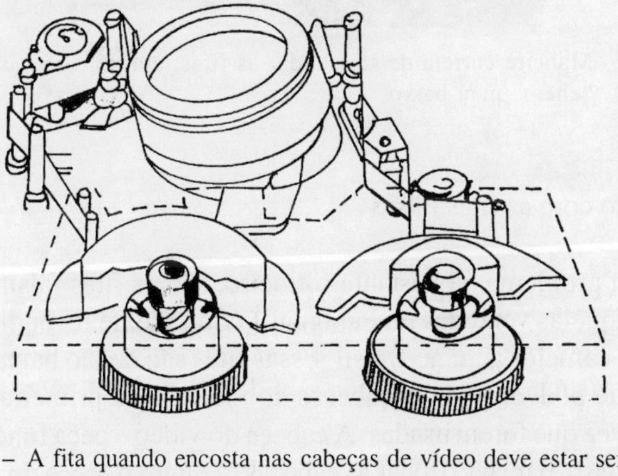

Fig. 45 – A fita quando encosta nas cabeças de vídeo deve estar sempre em bom estado, sem umidade e sem estar amassada. Qualquer defeito na película causa má qualidade de reprodução.

Onde guardar as fitas

Os campos magnéticos só não afetam as fitas virgens. Os campos magnéticos mais fortes são emitidos pelas caixas acústicas.

Mantenha uma distância mínima de uns 10 centímetros entre as fitas e os aparelhos, para garantir a qualidade das gravações. Para guardá-las, a distância mínima será de 50 centímetros.

Fig. 46 – Maneira correta de se guardar as fitas: em pé e com o carretel "cheio" para baixo.

Cuidado com as fitas falsas

Um problema, já bastante rotineiro, são as fitas falsificadas, como aquelas vendidas no Paraguai e comumente revendidas em feiras e camelôs aqui no Brasil. Essas fitas são de tão baixa qualidade que podem sujar as cabeças do vídeo já na primeira ou segunda vez que forem usadas. A cabeça do vídeo é peça fundamental, por isso, para não trocar as cabeças (é quase o preço do vídeo), é necessário que se use fitas de boa qualidade e de marcas já consagradas — como já foi dito anteriormente.

Preste muita atenção ao colocar uma fita dentro da filmadora. Se errar a colocação em um videocassete já traz prejuízo, dentro de uma filmadora é bem mais arriscado. Colocar a tampa de proteção da película para cima e lacre de proteção para baixo, por exemplo, é um erro que pode custar centenas de dólares.

Fitas de limpeza do cabeçote — (*Head cleannig*)

Atenção também ao adquirir uma fita de limpeza. Utilize apenas fitas de fabricantes conhecidos e que estejam devidamente identificados na embalagem com nº, CGC, endereço e telefone. Desaconselhamos o uso de fitas de limpeza seca, porque geram o "efeito lixa" sobre o cabeçote. Use fitas úmidas ou que precisem ser umidificadas. Existe também um *kit* de limpeza, composto de haste recoberta com camurça e líquido de limpeza. O inconveniente deste *kit,* porém, é a obrigação de abrir a tampa do vídeo para limpar as cabeças. Abrir um videocassete não é recomendável, uma vez que esse procedimento deve ser feito por um profissional qualificado.

Uma boa dica para se limpar as cabeças do vídeo é colocar uma fita virgem (sem nada gravado) no vídeo e deixá-la rodar no *play* por uns dois minutos. Depois desse tempo, rebobine-a. Sua imagem de vídeo vai melhorar. Se o defeito persistir, procure um técnico de confiança para abrir o seu vídeo. E lembre-se: a qualidade da sua gravação também depende da qualidade da fita. Portanto, escolha uma boa fita.

Fig. 47 – Esta fita de limpeza a seco produz o "efeito lixa" e pode danificar as cabeças do seu vídeo ou filmadora.

A edição — imagem e áudio

Editar um filme é tirar de uma fita bruta as cenas indesejáveis, selecionar as desejáveis e juntar tudo de acordo com um roteiro preestabelecido em um produto final coerente e significativo.

Edição doméstica

A ilha de edição doméstica é o conjunto de aparelhos e acessórios disponíveis em casa no momento da montagem do filme.

Na edição doméstica, pode-se usar "câmera + vídeo" ou "vídeo + câmera". O processo câmera + vídeo implica o uso do vídeo puro (em NTSC: sem transcodificação e obviamente reproduzindo em preto e branco) para compatibilizar com a câmera que, em sua maioria, opera em NTSC. Por isso, recomenda-se o processo vídeo + vídeo, onde ambos trabalharão inteiramente no sistema PAL-M.

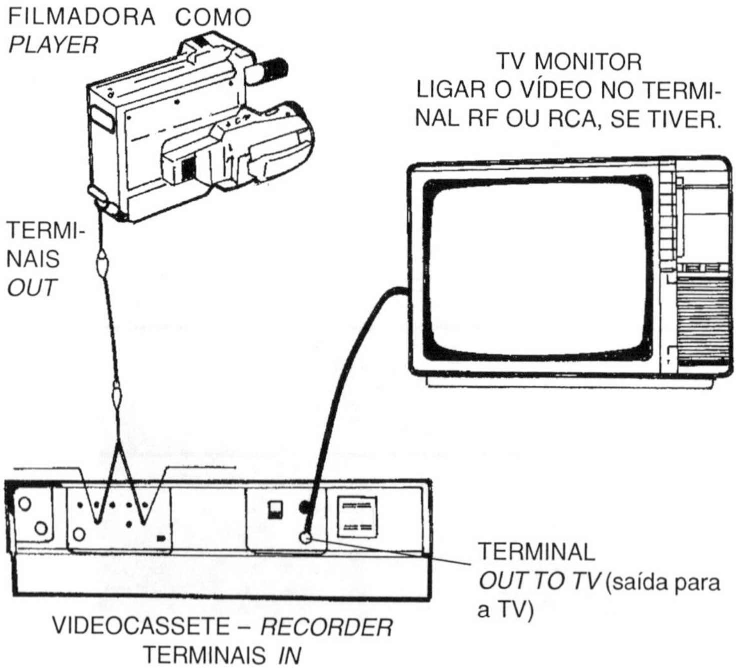

Fig. 48 – Edição doméstica usando filmadora + VK 7 + televisor.

Quem vê um trabalho em vídeo imagina que o filme, para ser feito, precisou de uma parafernália de máquinas e acessórios. Isso só acontece para o vídeo profissional e para a produção de comerciais na linguagem U-matic ou Betacam. Para o vídeo doméstico, pode-se perfeitamente fazer uma boa edição, que agrade bastante como produto final, com equipamento mais modesto. É claro que quem tiver condições de adquirir uma ilha de edição completa poderá fazer um excelente trabalho. Entretanto, não esqueça que com apenas dois vídeos de mesa também se pode chegar a um bom resultado.

Hoje em dia, os trabalhos sobre vídeo só falam em montagens profissionais, ilhas caras e sofisticadas, produções esmeradas e só direcionadas a documentários e a publicidades; esquecem-se das pessoas que têm uma câmera e querem filmar a família, os amigos, os filhos, as brincadeiras, os passeios e as diversões e que, no final, desejam montar todos esses agradáveis momentos e guardá-los, editados em uma fita.

Assim, quando abrem um livro, deparam com uma linguagem altamente técnica e inacessível. Desistem, fecham o livro e preferem filmar e editar por conta própria, empiricamente.

Não há quem, hoje em dia, não tenha cenas incríveis de amigos em situações engraçadas, de filho na escola, no parque, no clube, em festas e outros eventos, gravadas em várias fitas de vídeo e que poderiam ser editadas numa só fita. É possível, a quem o desejar, realizar uma edição e organizar a sua coleção de fitas.

Isso é fácil e, para tal, são necessários dois aparelhos de videocassete no mesmo sistema (PAL-M + PAL-M ou NTSC + NTSC). Praticamente qualquer pessoa poderá obter um bom resultado por si própria. Em vídeo, não é necessário cortar e emendar a película como é feito nos filmes de cinema. Se houver algum erro na edição, basta recomeçar o trabalho do ponto que quiser. Na edição de vídeo, pode-se fazer uma gravação por cima da outra quantas vezes desejarmos. É claro que fazendo isso umas cinco vezes a qualidade cai. Porém, o processo é tão fácil que dificilmente você vai ter de regravar tantas vezes.

Procedimentos da cabeação, da preparação e da edição

1) Para a aceitação mútua entre os dois vídeos, o cabo que deverá ser usado é o RCA, aquele com as duas pontas em "Y" e nas cores amarela e branca. Existem também RCA nas cores preta e vermelha.

2) O cabo RCA vai ser colocado no terminal também RCA (que, na maioria dos vídeos, fica atrás). Sempre nesta ligação, um *plug* (ponta) entra num terminal áudio e o outro *plug* entra no terminal vídeo.

3) Escolha o vídeo que vai ser *play* (passar a fita) e o vídeo que vai ser *rec* (gravar). Neste caso, é conveniente que o vídeo *play* tenha quatro cabeças, porque a reprodução vai ser melhor e, conseqüentemente, a imagem enviada para o *rec* será de qualidade.

Se ambos os vídeos, na hora da edição, forem de quatro cabeças, melhor ainda. Coloque para ser *rec* o que tem menos recursos e efeitos.

4) Ligue o cabo RCA no terminal áudio e vídeo OUT do vídeo *play*; a outra ponta deste mesmo cabo no terminal áudio e vídeo IN do vídeo *rec*.

5) Para a edição é necessário um cabo coaxial de 75 ohms, interligando a saída do vídeo *rec* (que está gravando) e o televisor. O que você estiver vendo será o que você obterá na gravação. Essa ligação é feita no terminal VHF, RF ou OUT TO TV, de acordo com o modelo de seu vídeo.

6) Para editar os trechos desejados, basta pressionar a tecla PLAY do vídeo reprodutor (que passa a fita) e as teclas PAUSE/STILL e RECORD do vídeo gravador (que está fazendo a edição) durante a reprodução dos trechos escolhidos.

7) Escolha, no vídeo *play*, a imagem que você quer que seja aproveitada. Marque no contador digital (painel frontal) ou só visualize e marque o começo e o fim da cena.

Solte simultaneamente PAUSE/STILL no vídeo reprodutor e PLAY e REC no vídeo gravador. Ao terminar a cena no ponto escolhido, aperte novamente PAUSE/STILL no vídeo gravador e escolha a próxima cena a ser editada no vídeo *play*. Vá procedendo assim até onde você achar que deve ser o final da sua montagem.

Para evitar que a fita deixe de reproduzir corretamente o próximo segmento a ser editado e, com isso, confundir a seqüência das cenas, observe o seguinte: ao final de uma edição nunca aperte o STOP do aparelho que está gravando (*rec*). O procedimento correto é acionar primeiro o PAUSE/STILL e só depois o STOP.

— Utilize sempre cabos adequados para interligar os dois aparelhos.

— Se usar dois televisores (ligados no terminal RF de cada vídeo), o televisor ligado ao vídeo *play* servirá para observar e localizar os trechos a serem copiados, ao passo que o televisor ligado ao aparelho gravador (vídeo *rec*) permitirá avaliar a qualidade da imagem e o conteúdo da gravação como um todo.

— Ao localizar a cena que deseja editar definitivamente, acione o vídeo que está reproduzindo alguns centímetros antes do início da cena. Essa antecipação permite que a unidade de gravação (vídeo *rec*) focalize o sinal e se estabilize. Quando o trecho escolhido começar, solte a tecla PAUSE do gravador *rec*.

— Lembre-se sempre de selecionar as cenas que você quer incluir na edição final e decida sobre a seqüência em que essas cenas ou conjuntos de cenas irão aparecer.

— Escolha a música e os efeitos sonoros e experimente-os juntamente com as cenas antes de efetivá-los em gravação.

— Quanto mais organizado for o processo antes da edição, mais chances você terá de fazer uma montagem de qualidade.

— Decida se tem de gravar cenas adicionais ou reunir material proveniente de outras fitas.

— Se aparecer um efeito tipo "arco-íris" nos pontos de edição (entre as cenas), muito pouco poderá ser feito. O problema é que parte da cena anterior está sendo misturada com a seguinte. A solução é utilizar um vídeo dotado de cabeça apagadora flutuante (*head flying eraser*). Este tipo de cabeça apaga totalmente os sinais de vídeo gravados anteriormente e torna as edições bem limpas.

— Não corte passando de uma tomada em panorâmica para outra panorâmica. Uma tomada em pan geralmente identifica o local em que a ação está acontecendo. Quando estiver editando, nunca faça um corte da cena no meio de um movimento da câmera.

— Não faça uma edição de improviso e sem planejamento, isso só vai gerar dificuldades na operação cuja seqüência sairá prejudicada.

— A fita a ser usada para copiar as cenas e que vai ficar no vídeo *rec* deve ser virgem, ou estar totalmente apagada, para que não entrem vestígios do que estava gravado antes, na nova gravação.

— Observe bem a velocidade da gravação quando for editar. A velocidade ideal no formato VHS é SP. A perda de qualidade nesta velocidade é muito pouca. Nas outras duas velocidades, LP e SLP, a perda é bem maior.

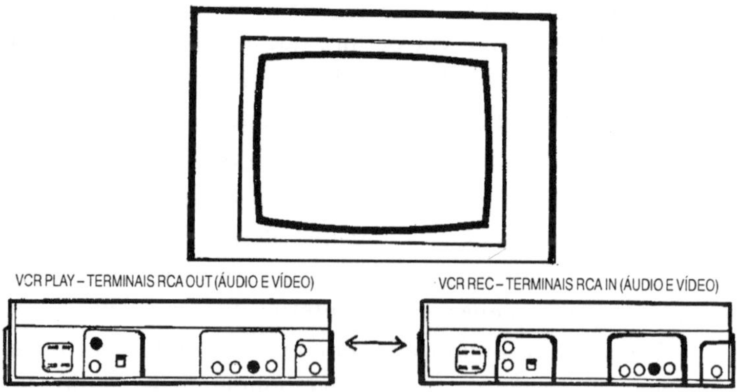

– TELEVISOR – PODE ESTAR LIGADO NO VCR PLAY OU NO VCR REC.
– OBSERVAR CANAL DE MONITORAÇÃO 3 OU 4 NOS VCRs E AJUSTÁ-LO NA TV.

Fig. 49 – Edição doméstica usando-se VK 7 + VK 7.

O som na edição

Audio dubbing

Audio dubbing é a regravação de um novo áudio, sem que se mexa na imagem. É também o nome da tecla correspondente. Coloca-se o novo som por meio dos conetores MIC (microfones) ou áudio IN (cabo de áudio). Após ter-se colocado as imagens na ordem certa, pode-se recolocar o áudio com o som que quiser. O som original da gravação, neste caso, apaga-se em decorrência dessa operação.

Se você deseja narrar ou contar uma história, sobrepondo a sua voz à gravação, é perfeitamente possível fazer isso com uma *camcorder*. Coloque a fita na filmadora e instale o microfone no terminal MIC. Aperte o botão RECORD (não é o disparador) e fale no microfone. Pode-se acrescentar outros sons desde que estejam sendo gravados pelo mesmo microfone.

Para se colocar um, dois ou três sons sobrepostos à imagem, é necessário usar o aparelho de áudio chamado *mixer*, devidamente ligado a seus terminais IN e OUT. Nesse caso, consulte as instruções do seu *mixer*.

O *mixer* não corta o som original da fita e você pode aproveitá-lo e enriquecê-lo, colocando locução + música, som original + música ou locução + som original + música. E, dependendo da marca e do modelo do *mixer*, pode misturar até quatro tipos de fontes sonoras simultaneamente.

Com o *mixer* você pode também gravar primeiro o som (locução e música) e depois editar, em cima, a imagem, de acordo com o roteiro de edição.

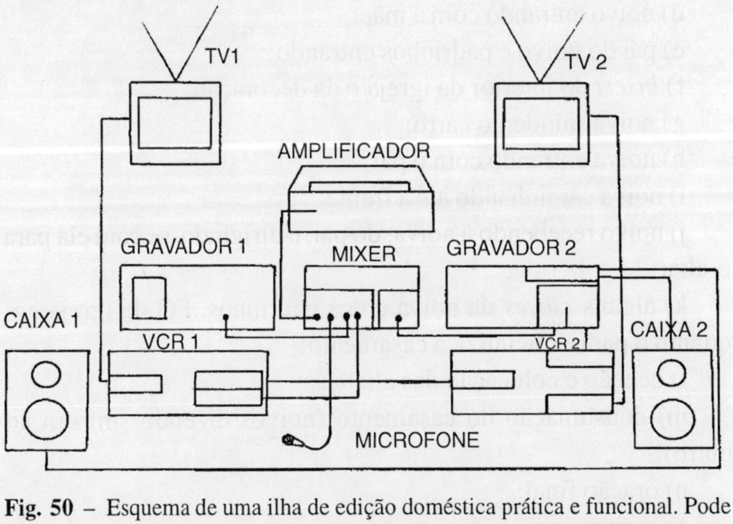

Fig. 50 – Esquema de uma ilha de edição doméstica prática e funcional. Pode ser montada de forma mais simples também, usando dois VCRs, um *mixer,* um aparelho de som e um televisor.

Dicas de edição

Passaremos algumas sugestões práticas para se editar o que foi filmado, em várias ocasiões.

A iluminação das cenas deve ficar por conta da experiência e/ou criatividade dos iluminadores na hora da filmagem, e também de outros fatores que influirão na qualidade.

Estas sugestões podem ser tomadas como parâmetros para você criar o seu modo de editar. Se quiser começar seguindo exatamente da forma como elas aparecem, o resultado também será bom.

Casamentos

Etapas gradativas de montagem

Montagem das legendas

a) fachada da igreja;

b) convidados chegando e entrando na igreja;

c) fila de padrinhos preparando-se para a caminhada até o altar;

d) noivo entrando com a mãe;

e) pai do noivo e padrinhos entrando;

f) *insert* do interior da igreja e da decoração;

g) noiva saindo do carro;

h) noiva entrando com o pai;

i) noiva caminhando até a frente;

j) noivo recebendo a noiva, do pai, e dirigindo-se com ela para o altar;

k) alguns *closes* da noiva e dos padrinhos. PG da igreja enquanto o padre oficializa o casamento;

l) bênção e colocação das alianças;

m) consumação do casamento (noivos dizendo sim um ao outro);

n) oração final;

o) assinaturas;

p) saída dos noivos e dos padrinhos;

q) *fade-in*

Recepção

a) *fade-out* (numa cena bonita — na mesa de bolo, por exemplo);

b) algumas pessoas importantes e parentes na fila dos cumprimentos;

c) mesas;

d) jogando o buquê;

e) cortando o bolo e cruzando as taças;

f) valsa (se houver);

g) saída dos noivos.

Essas dicas são básicas. Use a criatividade, o bom-senso e edite muito.

Aniversários de criança

a) legenda;

b) dê especial atenção às cenas que foram filmadas no mesmo nível (altura) das crianças;

c) não se esqueça dos pais, parentes e amigos, mas o aniversariante é a pessoa mais importante;

d) criança recebendo os presentes e abrindo-os;

e) mesa do bolo e decoração;

f) brincadeiras;

g) convidados;

h) parabéns;

i) fechamento em *fade-in*.

Use a imaginação, crie. Festa infantil é uma oportunidade para o aprimoramento da técnica de edição. O bom-senso deve prevalecer.

Aniversários de 15 anos

É um evento parecido (nas filmagens) com o casamento.

a) legenda;

b) comece abrindo com uma cena que tenha o *fade-out* no rosto da aniversariante;

Missa

a) *takes* do padre;

b) *takes* dos pais convidados;

c) plano do vestido;

d) feche a missa em *fade-in*.

Recepção

a) abra um *fade-out* do salão: decoração, mesa do bolo e detalhes de alguns enfeites;

b) mesas com convidados;

c) valsa;

d) parabéns;

e) monte, até o fechamento da fita, cenas com a aniversariante.

Informações úteis (relembrando)

— Se puder manter o áudio sem cortes, será muito bom para a futura edição.

— O operador deve conhecer todo o material (o que foi filmado) a ser editado.

— A fita onde serão montadas as cenas (matriz) deve ser virgem, condição indispensável para se conseguir uma boa qualidade.

— Todos os videocassetes atuais já oferecem recursos razoáveis para uma boa edição doméstica, o que dependerá também da competência do operador (editor).

— Comece a se preocupar com a edição já no momento em que estiver filmando, ou instrua dessa forma quem for prestar serviço de filmagem para você.

Ao gravar uma festa, por exemplo, é importante imaginar como irá ficar a fita depois de editada.

— Grave material suficiente para ser cortado, ou seja, grave o máximo possível de cenas com e sem movimento.

— Não abuse dos *travellings* e do *zoom*, porque você estará correndo o risco de tornar a sua edição sem criatividade, entediante e poderá cansar quem assistir à fita depois.

— É conveniente sempre gravar algumas imagens estáticas, de ângulos variados, que poderão ser úteis, posteriormente, na edição, para inseri-las entre cenas de movimento.

— Ao fazer edição com uma câmera importada (NTSC) e um vídeo doméstico, é preciso interligar os dois com um *transcoder*.

— Escolha para *record* o videocassete que tenha os recursos: *insert* (para emendas mais precisas) e *audio dub* (para dublar o som mantendo a imagem intacta).

— Observe se os dois vídeos funcionam no mesmo sistema, NTSC + NTSC ou PAL-M + PAL-M. A não observância tem como conseqüência uma edição não colorida.

— Antes de começar a edição, assista à fita toda, marque os pontos que você acha importante para a montagem e faça a minutagem, zerando o contador do VCR reprodutor e marcando no papel o tempo das cenas que deseja copiar.

— Cuidado com o começo e o fim da cena (tanto em áudio quanto em vídeo). Procure terminar as cenas na hora da filmagem, em *fade-in*. E na edição nunca corte ou termine bruscamente.

CAPÍTULO VI

O ROTEIRO

Uma palavra sobre o que é roteirizar

A explicação mais sensata para roteiro é: preestabelecer e registrar de forma escrita uma ordem lógica das cenas para montagem de um filme.

Tudo o que será dito, todo gesto, toda expressão e toda situação ou trama tem de estar previamente preparado e ordenado para que desperte interesse.

Para cada filmagem, existe um tipo de roteiro. Para casamento, escreve-se o roteiro de um modo; para publicidade, de outro; um churrasco entre amigos já será roteirizado de outro modo. Todos, entretanto, têm em comum a obrigatoriedade da ordenação, da objetividade e da clareza. Assim como é necessário toda uma preparação para se ter boas férias, organizando-se um roteiro de viagem, também é necessário um roteiro para se fazer um bom filme. Quando digo fazer um filme, não significa um trabalho hollywoodiano ou uma superprodução para ser assistida em salas de exibição. É algo como o prazer de filmar e concatenar os bons resultados, de modo que todos tenham prazer em assistir. O que queremos deixar aqui para o leitor é a importância de se respeitar e considerar aquele a quem é destinado todo o trabalho: o espectador. Seja ele um amigo, um parente ou até mesmo um grande público. Assistir a um filme não pode ser uma sessão de martírio, sonolência ou desinteresse.

É difícil definir as causas do sucesso (ou fracasso) de um filme; se diretor, elenco ou roteiro. Entre dúvidas e polêmicas, é certo que provocar emoções como o medo, o riso, a alegria, o choro e a tristeza depende de um bom roteiro e fica difícil trabalhar sem ele.

Faça, sempre que possível, um roteiro de suas filmagens e edições; desde uma simples festa infantil até um trabalho mais competitivo. Uma coisa podemos garantir ao leitor que seguir passo a passo as explicações: terá bases suficientes para roteirizar tanto um filme profissional (com elenco, direção, etc.) quanto um casamento ou uma festa.

Uma eficaz roteirização garante a melhor seqüência, o que assegurará também que o espectador se oriente diante do que está assistindo.

A idéia e o desenvolvimento

A primeira coisa a se ter em mente quando se começa a trabalhar um roteiro é qual tipo de público alvo ele deverá atingir.

O roteiro de cinema

O teatro, o vídeo publicitário, a novela e o vídeo doméstico têm seus respectivos públicos. O roteiro de cinema é feito de uma maneira técnica, própria para o seu público, devendo ser recheado de ganchos, expectativas e tramas. Ao escrevê-lo, lembre-se de que os olhos dos espectadores enxergam por meio da câmera, por isso os planos, as tomadas e os diálogos têm de ser bem aplicados. No cinema, não há intervalos comerciais, o que favorece a atenção da assistência. O cinema é uma linguagem puramente visual, reforçada pelos diálogos.

O roteiro para teatro

Joga-se mais com os diálogos. Seus olhos vêem diretamente tudo acontecer ao vivo, sem câmera, por isso o apelo auditivo e cênico são mais fortes. As tramas e suas conseqüentes resoluções têm de ser boladas e inter-relacionadas, levando em conta estes fatores: diálogo, cenário, expressões e gestos. No roteiro teatral, os planos e os movimentos de câmera não existem, o que importa é o papel dos personagens e seus respectivos diálogos.

O roteiro para vídeo

Está, já há bastante tempo, associado apenas à produção de vídeo-empresa e comercial de TV.

Qualquer trabalho em vídeo com lógica já está, de certa forma, roteirizado. Não precisa ser aquela coisa escrita de maneira formal, com blocos de cena. A linguagem fácil, prática e flexível de vídeo permite que seja assim. Ao roteirizar qualquer trabalho em vídeo, não fique preocupado em seguir padrões roteirísticos de cinema, faça uma coisa maleável, sabendo que a própria linguagem de vídeo é cômoda, versátil e fácil de trabalhar. Não é necessária aquela preocupação de se fazer cenas econômicas, cronometradas em segundos, mas também não sonhe alto, pensando que o espectador agüenta ver cenas demasiadamente longas. Ao roteirizar em vídeo, faça ligeiras anotações e tópicos de cada assunto, após isso, crie seu filme. Por exemplo, em um aniversário de criança, pode começar com um *close*, abrindo no rosto da criança e, por intermédio de um *zoom,* conseguir uma visão total do aniversariante e da mesa do bolo. Depois, filme a criança brincando. Após isso, indique no roteiro para filmar o parabéns. Isso são apenas tópicos, crie a partir deles.

O roteiro publicitário

Pode ser escrito tanto para o vídeo quanto para o cinema, mas ambos têm como objetivo vender um produto. Tem de dizer, esclarecer, apresentar e convencer o telespectador em apenas alguns segundos. Normalmente chegam em média a quarenta segundos. Quem escreve roteiros publicitários precisa ter uma enorme capacidade de sintetização. Também é bom ter em mente o horário de veiculação da publicidade. Neste tipo de roteiro, a criatividade e o bom-senso são muito importantes. Construa o roteiro publicitário voltado para um apelo visual.

O roteiro para novelas

No Brasil é o mais explorado. O roteirista não determina os planos, o que leva geralmente o diretor a abusar dos *closes*; parece que só aprenderam esse plano, mais nada.

O roteiro para novela tem de ser bem recheado de tramas, conflitos amorosos e ganchos. As cenas têm de ser ordenadas no roteiro de modo que os ganchos (truques para prender o espectador) antecedam e sejam cortados pelos intervalos comerciais. Assim, o espectador fica ansioso, esperando para ver como vai ser resolvida a trama ou o conflito daquela cena que passou antes do intervalo comercial. Outro truque que também pode ser usado nas novelas é ir criando uma trama cujo clima vai aumentando até o limite máximo. Ao chegar neste limite, termina-se o capítulo daquele dia. E pode-se ter a certeza de que o espectador vai voltar à mesma novela no dia seguinte.

O roteiro doméstico

É o mais simples e é o que as pessoas mais fazem, embora de forma inconsciente. Tem em comum com os demais roteiros o fato de ser previamente escrito, mas não há necessidade de laudas e mais laudas para montá-lo. Ele pode ser feito em tópicos, como foi dito anteriormente. É o roteiro feito para festas, aniversários, casamentos, etc.

Etapas do roteiro, passo a passo

Idéia geradora

Para conseguir a idéia geradora do seu filme é preciso vivência, leitura e imaginação.

A vivência pode fornecer bons subsídios para a construção do roteiro. Por exemplo: só escreva sobre uma prisão se você sabe realmente o que é viver lá, e assim terá muita chance de escrever algo bom. Máximo Gorki viveu muito tempo perseguido pelos agentes da polícia política, por isso teve êxito ao escrever *O espião*. Também Paulo Coelho foi ver e sentir de perto a magia e fez sucesso com o *Diário de um mago*.

A leitura atualiza e fornece uma grande fonte de informação para qualquer gênero, ajudando no conteúdo, na criação de personagens, clima, diálogos e tramas.

A imaginação é a responsável pela criatividade do roteiro. É o que personaliza, desenvolve corretamente e torna o roteiro um trabalho de qualidade.

Storyline

Linha que a história do filme vai seguir a partir da idéia geradora.

A *storyline* pode se desenvolver de forma abstrata, o que também irá resultar num filme abstrato. Pode desenvolver-se em situações que sugiram descrição e resultem em um filme documentário; ou podem narrar histórias cheias de tramas complexas ou não, o que irá resultar num romance ou ficção.

Para construir a *storyline,* é necessária uma grande capacidade de resumir em apenas cinco linhas (no máximo) todo um roteiro, sem deixar de considerar nenhum aspecto importante. Tente fazer isso com um romance literário, por exemplo. Se conseguir, você tem grandes chances de ser um ótimo roteirista.

Sinopse ou argumento (visão do todo)

Sinopse origina-se do grego e significa "visão de conjunto". É também chamada de argumento. Na tevê, usa-se sinopse, e no cinema, argumento. No nosso caso, vamos trabalhar com o termo argumento que servirá como base para qualquer aplicação. O argumento já descreve toda a ação da história, começo, meio e fim, personagens, épocas e tudo mais. Trabalhe o argumento como se fosse um conto, mas seja objetivo, simples e narre a história sem se preocupar com regras literárias ou filosóficas.

Tente escrever o seu argumento (seja ele para que gênero for) em, no máximo, dez páginas. A capacidade de síntese e a objetividade agradarão, sempre e com certeza, a quem analisar um roteiro.

Reescreva quantas vezes for necessário, até atingir uma clareza total. Você poderá observar como um bom argumento, bem trabalhado, facilita a fase posterior da roteirização. Ao começar um argumento, tenha sempre em mente a pergunta: "De que trata o filme?" A partir dela, as idéias surgirão e você terá esboçado na mente uma descrição de todo o ritmo dramático que a sua história requer.

Finalizando e resumindo, o argumento reafirma as seguintes qualidades necessárias para um bom roteiro: a) CLAREZA: faça-o de modo que possa ser lido sem esforço; b) OBJETIVIDADE: não se perca ou se desvie do tema, e não se alongue em detalhes sem importância; c) IDÉIA INTEGRAL: procure colocar a totalidade da idéia abordada, incluindo aí clima, trama (com resolução), época, cenário, mensagem e comportamento do personagem.

A construção do personagem

Aqui vamos aprender a criar os personagens da história. Vamos exemplificar com apenas um, mas os demais podem ser criados com a mesma estrutura. O espectador não precisa saber tudo sobre o personagem, mas o roteirista precisa. Tudo mesmo. Ele (o personagem) será o elo de ligação entre o ator e o público. Um personagem bem concebido, com diálogos inteligentes, no papel certo, traz uma enorme ajuda ao sucesso do filme, podendo até salvar uma história que pareça fraca. A criatividade no entrelaçamento dos personagens dá bastante ritmo e expectativa à história.

Na escolha dos personagens não fique preso a clichês, tais como: quem é forte e bonito tem de ser o mocinho, e quem é feio e sujo, o bandido. No final da trama, a mocinha casa com o mocinho do filme, dão o beijo da vitória e vivem felizes para sempre. Você mesmo já viu esse filme, não é?

Agora siga estas instruções para a criação do seu personagem principal:

1) onde nasceu?
2) cor
3) profissão
4) grau de escolaridade
5) possui alguma cultura?
6) tem religião?

7) qual o temperamento?
8) como foi o seu passado?
9) estado civil
10) tem conflitos amorosos?
11) caráter
12) tem amigos? é sociável?

Você pode criar mais algumas indagações, de acordo com o clima que quiser dar a sua história.

Acrescente também ao seu personagem:

1) localização no tempo (data em que a história acontece)
2) local (onde acontece a história)
3) vestuário (vesti-lo de acordo com a época, local e meio social)
4) idéias e ideais (o que e como ele pensa, vê, escuta e age)
5) perfil (sua personalidade, como se relaciona)
6) ação (como resolve os problemas)

Agora que o personagem foi escolhido e tem forma, vamos rechear a trama da história.

Ganchos e *plots* na construção da trama

Em uma rápida definição, podemos afirmar que gancho é um artifício usado na trama para prender a atenção do espectador. O *plot* é o núcleo da ação, a ação principal, que gera os conflitos.

Os ganchos têm aplicação própria em cada gênero.

Em novelas, o gancho sempre precede os comerciais, pouco antes de o capítulo terminar. Com uma história boa e ganchos bem feitos e aplicados na hora certa, pode ter a certeza de que, em nenhum momento, a platéia do seu filme ou novela vai ficar sonolenta ou impaciente.

Nos filmes (TV ou cinema), o gancho é o acontecimento estranho, surpreendente e enigmático colocado no início da história para captar o interesse. Às vezes, o autor coloca essa cena surpreendente antes dos créditos iniciais. Esse procedimento prende a atenção do espectador ao filme e deixa-o curioso para saber como tal situação (gancho) será resolvida. Isso incita o espectador a aguardar.

O *plot* é o núcleo central da história. É de onde surgem e partem todas as outras tramas e intrigas. O *plot* é a alavanca da história.

Numa história de amor, por exemplo, o *plot* costuma ser o ódio, a pessoa ou a situação que se coloca entre duas pessoas que se amam; a vingança por amor, a traição e o ciúme.

Na história do Pinocchio, o *plot* é a desobediência do boneco para com o seu dono Geppetto. Se o boneco fosse obediente ao seu dono, a história não teria graça e nada daquilo teria acontecido.

O *plot*, assim como o gancho da história, deve ser escrito ou, pelo menos, estruturado já no argumento.

Nas telenovelas existem diversos *plots* e fontes de conflitos interligados entre si. Em um único núcleo dramático é difícil haver motivo e conflito para tantos personagens. Aí está o motivo por que as novelas muitas vezes mudam o rumo de ações ou tramas.

Defina bem o *plot* da sua história, explore bem o seu conteúdo, crie e tire o máximo que puder dele.

Clímax e desfecho das tramas e dos ganchos

Se o roteiro for feito no sentido de uma progressão dramática contínua, que é o modelo mais comum, seu clímax deverá, em princípio, situar-se perto do final. Depois do clímax tem de vir, pela própria pressão natural da história, a sensação de relaxamento e descontração.

A progressão natural da história deve gradativamente ser aplicada a todos os seus elementos. Cada caracterização deve crescer até o fim. Cada emoção deve ser passo a passo acentuada. Cada decisão, cada trama deve ser mais carregada de conseqüências. Comece o filme, portanto, com um acontecimento não muito forte e que permita uma progressão gradativa. Tenha sempre em mente isto: muitos filmes conseguem ter um início ótimo, mas são incapazes de continuar assim até o final.

Isso se deve a uma progressão malfeita e mal-acabada. O clímax tem de ser o ponto culminante do filme, em emoção, em drama e em intensidade. Planeje o conjunto de clímax do filme. Não caia em clichês. E não ache que obrigatoriamente o clímax deve ser uma cena violenta ou terminar em morte, vingança e tiroteios. Cuidado, portanto, com situações corriqueiras de desfechos que levem a clichês fáceis e saturados.

Em todas as partes da sua história, tais como, argumento, clímax, *plot* e roteiro final, trabalhe sempre com a seguinte ordenação:

— início: começo da história — onde — como — quando — quem — porquê;

— meio: desenvolvimento — tramas — ganchos — *plot* — clímax — ação;

— fim: desfecho e finalização — resolução e conseqüência de todas as tramas e ações.

Apresentação visual do roteiro

Folha de rosto

A folha de rosto deve ser toda (de preferência) feita em uma só lauda. E nela devem constar:

a) quem encomendou o roteiro;

b) título da história;

c) seu nome (do autor);

d) data de início e finalização;

e) refere-se ao número de ordem da revisão (tratamento) feita no roteiro: 1ª, 2ª, 3ª, 4ª e etc. Deve conter a data da última revisão.

Primeira folha

a) gênero;

b) *storyline* — apenas uma única frase. Mas, atenção, não confunda com o título do filme;

c) sinopse — resumo da história — sem detalhes e em cinco linhas (no máximo). Aqui não precisa colocar nomes, épocas e locais;

d) argumento — no máximo 25 linhas. É onde se exige maior concentração e lógica na exposição da história. Se o argumento é fraco, a história sairá fraca. Se o argumento é complexo, a história sairá complexa e assim por diante. Detalhe a história, coloque os nomes dos personagens, o físico, o caráter e o perfil sociológico de todos eles. Coloque também época e locais. Tudo isso deve ser descrito de acordo com a sua conveniência.

Segunda folha

Conteúdo do roteiro — objetivo e público a atingir.

Qual o objetivo de seu roteiro?

a) entretenimento — apenas distrair a audiência;

b) instrutivo — instruir pessoas e fornecer conhecimento prático;

c) didático — técnicas de orientação educacional e de aprendizagem;

d) informação — apenas informar um fato ou entrar em análises. Muito usado para a comunicação de massas;

e) promocional — promove um produto ou uma idéia. Identifica o produto ou desperta o interesse do consumidor.

Observação: use no mínimo espaço 2 e no máximo espaço 3.

Caso você se esqueça de colocar o gênero do filme na primeira folha, coloque-o aqui. Não pode ser em outro lugar, a não ser nas duas folhas iniciais.

O gênero do filme

Existem muitos gêneros, e você tem de saber com qual vai trabalhar antes de fazer a sinopse e o argumento. Há ainda a possibilidade de se criar, dentro da história, vários segmentos com diversos gêneros. O gênero também define o tipo de público que se deseja atingir.

Publicidade

Comercial para televisão. Tem de ser colocado no horário apropriado e na programação que tenha ligação com o produto.

Drama

São histórias cheias de lirismo que levam as pessoas a rir de uma situação ou chorar. A tensão dramática bem-feita é o segredo deste gênero, mas qualquer exagero leva ao ridículo. O drama divide-se em: biográfico, histórico, social, político, religioso, musical e bélico.

Comédia

Há subdivisões também na comédia, tais como:

a) ligeiras — são criadas de modo a só despertar o riso;

b) irônicas — provocam o riso, porém são mais intelectualizadas;

c) sarcásticas — podem tornar os fatos mais engraçados e o conteúdo trata de crítica social, política ou religiosa. Pode ser policial, musical, histórica ou de horror.

Policial

É o gênero mais explorado no cinema em todas as épocas. Pode ser feito como drama, romance ou comédia dentro dos seguintes temas:

a) investigação policial — onde o detetive é sempre herói;

b) crimes — o policial é o herói e a história é sempre muito recheada de brigas, sangue, mortes, pancadarias e perseguições com veículos;

c) jornalísticos — estes roteiros têm de ser fundamentados em casos verídicos de submundos, drogas, quadrilhas, torturas e mortes envolvidas em mistério.

Espionagem

Foi muito explorada, mas com o propósito claro de fazer propaganda política, amedrontar as pessoas e mostrar-lhes a eficiência do poder paralelo da rede de espionagem e repressão.

Aventura

Seu objetivo maior é mostrar a exploração do desconhecido, florestas impenetráveis, safáris, caças, mares, desertos, geleiras. Era o gênero predileto de Walt Disney, o que já nos dá uma idéia de como deve ser feito. Deste gênero nasceu a ficção científica. Suas subdivisões são: histórica, romântica, bangue-bangue, exploração científica, lutas espaciais e ficção.

Terror

Hoje em dia está muito em moda o terror-comédia. É feito por quem só sabe fazer rir e quer se aventurar pelos lados do horror. Mas o terror é um gênero que tem de ser bem-feito, bem-pensado e estruturado, senão resvala para o ridículo em vez de meter medo. Nele se usa pouco diálogo, mais efeitos visuais e planos e movimentos de câmeras bem-definidos e em várias situações.

Musical

Teve seu auge na época das chanchadas. Lembra-se? O roteiro geralmente era (e ainda é) feito por enciclopedistas e estudiosos da música popular brasileira. Às vezes, era filmado um desfile de carnaval que era denominado de "comédia", às vezes, de "drama musical".

Foi o precursor dos nossos hoje famosos clipes. Suas subdivisões são:

— musical revista (sem unidade temática);

— biográfico — história de algum músico nacional ou internacional (de preferência);

— adaptação de romances e peças teatrais;

— desfiles de sucessos musicais;

— clipes — feitos com muitos efeitos visuais para dar mais ritmo e dinâmica ao filme.

Infantil

Tem, em quase sua totalidade, a produção feita em desenho animado. O cinema internacional investiu no gênero infantil e o dominou. Você por acaso já assistiu ao ET ? Este filme é o marco e o ponto de partida para todos os outros do gênero e foi assistido por milhões de pessoas em todo o mundo, de todas as idades.

Infanto-juvenil

Todo filme ou desenho de aventura pode ser classificado como infanto-juvenil.

Documentário

Registra um fato como documento para interpretações, análises e críticas.

Documentário investigativo

Deve ser feito para provocar mobilização e alertar o espectador para suas denúncias.

Videoempresa

Destinado a dar suporte às atividades internas ou externas de uma empresa. Visa atingir metas institucionais, comerciais e administrativas da organização empresarial.

Suspense

O termo suspense em cinema aplica-se melhor como tempero ao filme e não como gênero. Funciona como gancho na maioria dos filmes, mas este expediente usado para prender o público é também o maior responsável pelo artificialismo dos filmes de suspense, pois nem sempre surge como uma decorrência natural. O roteirista, na hora de criar o suspense, geralmente cai em clichês. Prender o espectador e conduzi-lo para dentro da história é uma das metas do roteirista profissional, porém não é esse o objetivo principal.

Erótico

Aqui no Brasil é o gênero mais malfeito. O pior filme erótico americano ainda seria mais bem cuidado do que o melhor desse gênero no Brasil.

É o tipo de filme que não depende de um roteiro (nos moldes do que foi descrito), com todas as etapas. Bastam duas pessoas (heteros, de preferência) transando, e está pronto o filme erótico. Aqui, em sua maioria, os roteiristas de filmes eróticos optaram pelo corriqueiro, pelos clichês e pelo mau gosto. Nesse gênero, a sensualidade muitas vezes não existe e o erotismo descamba para o grotesco e a perversão.

Se o seu objetivo é estritamente comercial e o de obter lucros, é esse o modelo. Mas, se estiver comprometido com a sensibilidade, a estética, a sutileza, a arte e o bom gosto, então um roteiro cuidadosamente elaborado será imprescindível.

Forma física do roteiro

Um roteiro profissional pode ser formatado de várias maneiras. Varia de acordo com o fim a que ele se destina, ou seja, o roteiro para novela apresenta-se de uma forma, o de cinema, de outra, etc.

Daremos alguns modelos e, a partir deles, você poderá também criar o seu na medida de suas conveniências.

Cinema e vídeo

1º Tipo

Cena	Imagem	Plano	Efeito	Tempo (seg.)	Som	
					principal	secundário
0	Espaço			20	Música de abertura	
0	Titulagem			30	Música de abertura	
0	*Fade-out*			5	Música de abertura	
0	Panorâmica no parque	PG		40	Som ambiental	
2	Criança brincando	PC	*Travelling* direção crianças	40		Entra música disco

Esse é um tipo bem simples, organizado, e pode ser usado em qualquer evento, tais como: casamento, férias, passeios, aniversários, etc. Ele ordena a sua filmagem e ajuda muito na edição.

2º Tipo

Cena 1 — PRAÇA DO CORETO — EXTERNA — DIA

É uma praça pequena, velha e suja de uma cidade do interior. A cidade está localizada em um município praiano. No coreto só algumas crianças brincam e outras jogam bola na praça.

Cena 2 — CASA DA JOANA — INTERNA — DIA

(±17h30) — Dona Joana, mãe de uma das crianças, observa o jogo de bola.

Esse tipo de apresentação já é bem profissional e é comumente usado pelos roteiristas tanto de televisão quanto de cinema. Tudo deve estar bem claro para o diretor, mas suscetível a alguma alteração.

Sempre escreva os títulos da cena com as letras em caixa alta (se tiver condições de fazê-lo em negrito, melhor ainda). Ao introduzir personagens, descreva, no máximo até a 3ª cena, como eles são e o que estão fazendo. Neste tipo de roteiro, quem estabelece os planos e os movimentos de câmera é o diretor, de acordo com o desenrolar das seqüências e com o clima que ele quiser dar ao filme. Se for usar diálogos, não se esqueça das rubricas que orientarão o elenco e o trabalho da direção. Para exemplificar, aqui vai um trecho sintético do uso das rubricas:

Joana (nervosa) — Paulinho, entra que está na hora do jantar.

Paulinho (ofegante, aos berros) — Já vou mamãe.

Quando desejar que o clima fique em aberto, deixando a critério do diretor como a frase deverá ser interpretada, use a rubrica "tom".

A rubrica "tom" tem enorme importância dentro do roteiro.

Joana — Senta aí, Paulinho (tom), já lavou as mãos? (séria)

Paulinho — Ih, mãe, me esqueci (rindo), mas vou lavar agora (correndo e rindo).

3º Tipo

CENA	IMAGEM	SOM
1	PG — Cidade. Câmera no helicóptero. Faz *travelling* em câmera alta.	Som ambiente junto com uma música de jazz.
2	PA — Câmera objetiva no homem que se aproxima.	Continua jazz.
3	PM — *Zoom* rápido sobre o rosto de uma mulher que vem se aproximando desesperada.	Pára música. Só som ambiente.

Este é também um tipo bem simples, quase sem diálogos. Se houver diálogos, abra um espaço suficiente na coluna referente ao som. A folha é dividida em três partes, onde aparecem o plano e a imagem da cena juntos, na mesma coluna. O tempo da cena é determinado pelo diretor.

Há roteiros que substituem a palavra "cena" por "seqüência". Já alguns roteiristas aceitam mais a tese de que em uma seqüência cabem várias cenas. De qualquer modo, o mais importante e fundamental no roteiro são lógica, clareza e objetividade. Veja este pequeno exemplo:

SEQ. 1 — ABERTURA
Flash de alguns pontos turísticos da cidade, surgindo rápidos e no ritmo da música. (Música instrumental)
SEQ. 2 — CRÉDITOS Cena congelada em uma árvore típica da região ou ponto turístico. (Muda a música para chorinho)
SEQ. 3 — DENTRO DO ÔNIBUS Interna dia. Alguns passageiros conversando, outros só observando. Alguém mais afoito levanta correndo para ir ao banheiro, enquanto uma mulher reclama da fumaça de cigarro do companheiro do lado.

Como se pode observar, a palavra seqüência (SEQ.) funciona também como cena.

Antes da ambientação, pode-se também sugerir ou não o plano de câmera.

Novela

Não descreveremos o roteiro de novela, porque ele é praticamente todo feito com ênfase na linguagem sonora e não na visual. São os diálogos dos personagens que conduzem a história e não a imagem.

Na hora da sua telenovela, tente tirar o som da televisão, observe só a imagem e veja se entende alguma coisa. As imagens vão se suceder, faltando, no entanto, nexo no seu desenvolvimento.

1º Tipo (Completo) — para o vídeo-empresa ou publicidade

LOGOTIPO DA EMPRESA (produtora) PROGRAMA		
TAKE	VÍDEO	ÁUDIO
NÚMERO: DURAÇÃO:	DESCRIÇÃO:	

2º Tipo (Simplificado)

LOGOTIPO DA EMPRESA PROGRAMA		
TAKE	VÍDEO	ÁUDIO

Interligação de imagem e som

O roteiro é um discurso essencialmente visual. Hoje em dia, as novelas de rádio não dão mais ibope; então, por que pensar em termos de som e dar ênfase a longos e massacrantes diálogos? Pense em termos de imagem. Você já ouviu alguém citar aquele ditado: uma imagem vale mais que mil palavras? Pois é, imagine sempre a sua história numa sucessão de cenas. As cenas devem dizer tudo, e a palavra entra como reforço.

As cenas serão o objeto do seu trabalho roteirístico. Para captálas, é preciso a câmera, que é o meio com o qual se conduz o espectador para dentro do filme.

É preciso então que se defina bem a função da câmera dentro do roteiro, o que será feito determinando-se os planos apropriados, os cortes e os movimentos de câmera.

O roteiro é dividido em seqüências ou cenas; as cenas, em tomadas (*takes*), e as tomadas, em planos.

A tomada começa quando o cinegrafista liga a câmera e termina quando ele a desliga para começar outra tomada. As tomadas (*takes*) equivalem aos parágrafos de uma obra literária. O plano determina como a câmera será usada: alta, baixa, média, subjetiva, geral, etc.

Indicação do início e do término das cenas no roteiro

O corte

O corte é a mudança de cena. É o recurso mais adequado para dar ritmo e tornar mais dinâmico o roteiro.

O corte pode ser feito entre ângulo/modo, entre as cenas (para sair de um ambiente para outro) e entre seqüências (para mudanças de tempo). O corte rápido é muito usado para enfatizar ou transferir as atenções. Mas cuidado, porque um corte sem lógica ou motivo justo pode interromper a continuidade do filme, criar uma falsa relação entre os cortes anteriores e posteriores. Para exemplificar o corte, veja este trecho de um roteiro:

SEQ. 1 — IGREJA — INT. NOITE
Começa rápido, já no final do casamento.
A câmera faz um plano geral e enquadra um *close* no padre.
PADRE — Eu os declaro marido e mulher.
PC — Noivos se beijando e saindo. Música de fundo.
Câmera enquadra a porta principal da igreja, os noivos saindo e entrando no carro.
PG — Carro saindo e movimentando-se até desaparecer.
Fade-in.

CORTA
SEQ. 2 — CASAL EM CASA — INT. DIA
A câmera foca o casal, rindo e conversando...

Esse corte feito antes da SEQ. 2 determinou a mudança de ambiente e de tempo entre as seqüências. Não existe um momento exato para o corte. É só tomar cuidado ao aplicá-lo.

O escurecimento (fade-in)

Posso afirmar que este é um recurso bastante desaconselhável para filmes de ação, porque o escurecimento total e lento tira o ritmo da ação. É mais conhecido como *fade-in* e o seu oposto é *fade-out* (iluminação e aparecimento da cena).

Fusão

É a mistura de duas imagens simultâneas. Uma sobrepondo-se à outra, ou seja, enquanto uma nova imagem aparece, a imagem anterior desaparece. É muito usada no cinema para iniciar *flashback*.

Flashback

É aquele famoso recurso onde uma pessoa lembra de um fato ou história passados e a imagem vai gradativamente desaparecendo para aparecer no lugar e na época da história que o narrador conta. Muito usado em filmes policiais quando o detetive, as testemunhas ou o criminoso contam tudo o que aconteceu.

Dissolve

É o recurso usado em filmes poéticos ou românticos para simular um desmaio. A imagem vai ficando embaçada.

Freeze

Muito usado no final dos seriados de TV onde os personagens e tudo ao seu redor se imobilizam por instantes. É o congelamento da imagem seguido de um corte seco.

Inserts

São tomadas muito breves, colocadas no roteiro para criar uma expectativa. Uma arma no cinto de uma pessoa, em realce, significa ameaça ou que uma morte vai acontecer no filme (não confundir com o plano de detalhe).

Chicote

É o movimento muito rápido de câmera da esquerda para a direita ou vice-versa. É comumente usado para marcar a diferença de tempo e ambiente da história.

Os tratamentos, as correções, o roteiro final e a decupagem

Tratamentos

Os tratamentos são versões que o roteirista faz depois de terminado o roteiro a fim de chegar onde quer e dizer o que quer.

O roteirista vai suprimindo ou acrescentando, lapidando o trabalho. Cada versão vai sendo identificada numericamente desta forma: 1º tratamento; 2º tratamento, etc.

Vai nascendo um diálogo aqui, adequando um plano melhor ali, procurando uma inter-relação das cenas até atingir o ideal. Cada tratamento tem de ser feito depois de datilografado todo o roteiro, tenha ele quantas páginas tiver. Por isso, nessas horas é bom que o roteirista se concentre, faça um trabalho apurado para não passar do 2º tratamento a fim de não atrasar o início da produção. Nesta etapa já se pode imaginar o que passará na tela, quando o filme estiver pronto, no que se refere a cenários, tipo de música a ser empregado, toda a atmosfera do filme, além da descrição do enredo e das tramas.

As correções

Depois disso, achado o tratamento ideal para o roteiro, entra-se nas correções.

Esta é a parte onde a gramática e o discurso serão revisados. Alguns roteiristas, para poupar tempo, já fazem esta parte junto com os tratamentos; mas desaconselhamos esse procedimento, porque no tratamento deve-se estar preocupado com a visão global do enredo e o que ele possa representar visualmente.

Roteiro final

Roteiro final (ou roteiro técnico) já é o trabalho pronto para ser filmado, com o devido tratamento, as devidas correções e a formatação escolhida.

Decupagem

É o roteiro final para a produção anotado mais detalhadamente em todas as seqüências. Na decupagem estão o tempo (dia, noite, tarde), detalhes do guarda-roupa, da contra-regragem, etc. É também pela decupagem que a produção escolhe as locações, os ambientes e monta os cenários e a iluminação (fotografia).

Os *storyboards* — desenho de produção

Os *storyboards* são a representação gráfica de todas as cenas do roteiro (se possível). É como se o roteiro fosse transformado em uma história em quadrinhos.

Todos os grandes nomes do cinema internacional usam os *storyboards*, tanto durante a fase de filmagem quanto durante o ato de roteirização. Os *storyboards* fazem parte da competência do diretor e permitirão ao elenco e à equipe técnica ver o que se tem em mente e fazer melhor a parte que lhes cabe.

As pessoas freqüentemente perguntam sobre a qualidade dos desenhos de produção e nós sempre afirmamos que não precisa ser um *expert* do desenho nem um artista para desenhar um *storyboard*; simples esboços servirão, mas que sejam inteligíveis. Preocupe-se em marcar no desenho todos os pontos de iluminação da cena, cores e expressões faciais e gestos dos personagens. Se houver dificuldade para desenhar, utilize recortes de revistas e jornais. Este recurso não vai comprometer em nada o roteiro. Na produção de um vídeo doméstico, os *storyboards* também podem ser de muita utilidade.

É realmente compensador o tempo e o esforço despendidos em praticar as técnicas de *storyboard* porque exercitam a mente usando imagens. Não se esqueça que os *storyboards* são a espinha dorsal da cinegrafia e do vídeo.

Um dia, conversando com um amigo, escritor e roteirista de cinema, ele me disse uma coisa sobre a arte de roteirizar que é muito importante e uma grande verdade: "Todo roteiro previsível não presta", ou seja, se o espectador souber o que irá acontecer a cada cena, como cada trama vai terminar, não tem graça nenhuma. Normalmente isso acontece (com filmes brasileiros) quando o roteirista, na falta de criatividade, recorre como expediente às situações corriqueiras e aos clichês saturados. Cuidado, portanto, ao planejar o seu roteiro. A cada roteiro que fizer, tente imaginá-lo diferente de qualquer roteiro que você já viu ou fez. Isso irá treiná-lo, dar-lhe experiência e trazer-lhe surpresas bastante agradáveis no final do trabalho.

Fig. 51 – Amostragem simples dos quadros onde se preparam os *storyboards* de um roteiro. Os *storyboards* podem ser feitos para todo o filme ou apenas para algumas cenas que precisem ser mais detalhadas.

Roteiro e planejamento de um filme doméstico

Sugestões práticas de roteirização em casamentos, aniversários e diversos eventos.

Vamos agora aplicar o roteiro em uma forma mais simples de filmagem, ou seja, a filmagem doméstica, mais conhecida como VHS.

No VHS (sistema de vídeo doméstico), é mais viável e prático que se faça algumas anotações em forma de tópicos em cada filmagem ou simplesmente se monte o filme todo usando apenas o gatilho (disparador) da filmadora, mas a partir de um roteiro preparado de cabeça. É recomendável que se tenha sempre algo escrito para orientação.

Casamentos

O roteiro para casamento pode ser escrito em tópicos ou montado no disparador da filmadora.

Fica mais ou menos assim:

— Noiva maquiando-se e aprontando-se em casa ou no salão de beleza.

— Fachada da igreja.

— Noivo preparando-se para entrar com a mãe.

— Noivo entrando com a mãe e os padrinhos.

— PG nos padrinhos e no noivo colocando-se em seus lugares no altar.

— *Close* rápido no noivo.

— (corta) Correr para a entrada da igreja para pegar a noiva.

— Noiva saindo do carro.

— Noiva caminhando em direção ao altar com o pai.

— Noivo dá o braço à noiva e ambos caminham em direção ao padre.

— Início e prosseguimento da cerimônia.

— Bênção das alianças.

— Assinaturas.

— Saída dos noivos.

Fade-in

— Começar a recepção em *fade-out* na fila dos cumprimentos.
— Filmar o bolo e a decoração da mesa.
— Casal à mesa do bolo.
— Mais mesas, pessoas e grupos.
— Filmar a noiva jogando o buquê.
— Finalizar em *fade-in*.

Como vimos, neste primeiro tipo de roteiro, não se precisou de toda aquela estrutura detalhada do roteiro profissional. Bastam apenas alguns tópicos mais importantes e uma boa dose de criatividade. Crie e escreva seu roteiro de casamento de acordo com o que a necessidade exigir.

Aniversários (criança)

— Abrir em *fade-out* na mesa do bolo. Filmar todos os enfeites da decoração da mesa. Usar a lente macro para filmar os enfeites de perto.

— Convidados chegando e cumprimentando os pais e dando o presente ao aniversariante.

— Aniversariante abrindo os presentes.
— Mesas com convidados.
— Pais do aniversariante.
— Brincadeiras.
— Parabéns.
— Distribuição de doces e lembrancinhas.
— Mais brincadeiras e outros movimentos da festa.
— Despedida.
— Fechar a fita com um *fade-in*.

Neste tipo de roteiro, deve-se tomar cuidado para não cortar a filmagem bruscamente no meio de brincadeiras e ações importantes ou enquanto as pessoas se movimentam. O corte do som pode ser feito quando se tratar de um murmúrio geral e não quando a câmera estiver captando bem perto uma conversa. Também é necessário que se concentrem os maiores esforços da filmagem em quem faz aniversário. Não disperse muito o motivo principal da sua filmagem. Tudo deve ser coerentemente encaminhado e dirigido para o clímax da festa que é o "parabéns" e este também, em hipótese alguma, deve ser cortado, tanto na imagem quanto no som. Filme quantas vezes o cantarem.

Aniversários de 15 anos

— Abrir em *fade-out* na mesa do bolo ou no rosto da aniversariante.
— Filmar os enfeites e a decoração da mesa do bolo.
— Convidados chegando e sendo recebidos pelos pais da aniversariante.
— Mesa com os convidados.
— Valsa da aniversariante.
— Parabéns.
— Distribuição das lembrancinhas (acompanhar a aniversariante).
— Mais alguns movimentos, danças e brincadeiras.
— Convidados dançando.
— Finalização da fita e fechamento em *fade-in*.

Neste tipo de roteiro, a apresentação dos tópicos é curta, mas, com criatividade e técnica, você pode fazer uma excelente fita. Volto a lembrar que, na maioria das filmagens em VHS, o roteiro apresenta-se apenas como breves anotações em tópicos ordenados. Na hora da filmagem da valsa, não faça nenhum tipo de corte; filme a dança por inteiro.

Balés e danças

— Abrir em *fade-out* em algum aspecto do cenário.
— PG de vários ângulos diferentes.
— *Closes* rápidos nos rostos dos dançarinos.
— Acabar em *fade-in* ao final de cada coreografia.
— Criatividade.

Neste tipo de roteiro para danças, se for possível, faça uma anotação indicando e sugerindo que a filmagem seja feita com duas câmeras. Uma câmera deve ficar fixa fazendo pans-horizontais e gravando todo o som, sem cortá-lo em hipótese alguma. A outra câmera fica móvel, captando vários ângulos diferentes e também várias expressões faciais dos dançarinos. A câmera móvel pode ser ligada e desligada a cada *take*. Caso só tenha uma câmera filmando, só desligue ao final de cada coreografia.

Formaturas

Para formaturas, é melhor saber que tipo de trabalho irá fazer, para depois planejar o roteiro. As formaturas variam muito de acordo com a escola e a forma de organização. Lembre-se de anotar um roteiro e fazer algo criativo e coerente.

Considerações importantes

O que caracteriza um bom roteiro, seja ele escrito para qualquer tipo de público, é a capacidade de prender a atenção do espectador. Se tiver oportunidade, observe como, num filme onde o roteiro é malfeito, a platéia fica dando olhadelas furtivas para o relógio, impaciente e louca para que o filme termine logo. Cenas muito longas e desencontradas e imagens aleatórias contribuem para deixar o filme desinteressante.

Ao se elaborar um roteiro, é importante que se visualizem as cenas, procurando imaginar tudo o que vai ocorrer.

Em qualquer trabalho, de qualquer gênero, jamais abuse do *close* e do *zoom*; use-os de modo comedido, com lógica e bom-senso.

O sucesso de um roteiro, e conseqüentemente do filme, depende igualmente do grau de conhecimento técnico de quem vai filmar.

O *fade* e a contraluz (*backlight*) devem ser usados com bom-senso e sem demasia.

Trabalhe o roteiro de forma que o produto final se traduza em alegria e satisfação para quem assiste e não em martírio ou chatice.

Para finalizar este capítulo, queremos lembrar da necessidade de planejamento antes da filmagem. Roteirize, mesmo que da forma mais simples, tudo o que for filmar. Coloque uma ordenação lógica e agradável de se ver. Você assim terá 100% de chance de fazer sucesso em todas as suas produções.

CAPÍTULO VII

O *SET* DE FILMAGEM

O leitor certamente já deve ter ouvido falar em "por trás das câmeras". É um termo bastante usado e que define bem o que é *set de filmagem*. É toda aquela parafernália de aparelhagem e gente necessária para se fazer um filme. No *set*, para cada pessoa da equipe há uma função operacional correspondente na aparelhagem. Existe também a parte administrativa do *set*.

Num *set* de filmagem, do câmera ao iluminador, todos são fundamentais, e não existe uma ordem de importância, pois um depende do trabalho do outro.

Em cinema, existe uma equipe padrão que às vezes varia com o acréscimo de mais algumas pessoas e funções, de acordo com a extensão, a natureza e outras necessidades do filme.

Em vídeo, como as filmagens são variadas e feitas nos mais diversos gêneros e estilos, existe a necessidade de se ter uma equipe para cada tipo de filmagem.

Vamos começar mostrando uma equipe padrão de produção profissional em cinema e depois uma equipe (*set*) de vídeo. Logo após, vamos descrever vários *sets*, em vários eventos diferentes, para filmagens em VHS.

O *set* de cinema

Diretor

É o elemento central de uma equipe. É quem toma as decisões. Dirige a filmagem, coordena toda a montagem do filme, discute sobre a luz com o responsável pela fotografia, ajuda na escolha do elenco e da equipe técnica; o diretor estabelece o "estilo" e o "ritmo" que o filme deve seguir. É o principal responsável pelo sucesso ou pelo fracasso de todo o trabalho.

Continuísta

É o responsável pela continuidade e a coerência das seqüências do filme. Anota o que se faz e o que foi feito em cada cena, quantos metros de filme, quantas horas de filmagem, que diafragma usou o *cameraman* nesta ou naquela cena, que tomadas foram repetidas, quais as que faltam ainda ser rodadas. É um posto chave e trabalha como o "braço direito" do diretor.

Alguns *sets* mais complexos contêm ainda, e de acordo com as necessidades, os profissionais de cenografia (principalmente em estúdios fechados); técnico de som; coreógrafo; maquiadores; cabeleireiros e assistente de direção.

O *set* de vídeo profissional

Diretor

O diretor de filmes em vídeo, tanto no filme publicitário quanto no competitivo, costuma desempenhar também a função de roteirista.

No filme competitivo, o diretor pode agir como no filme publicitário, porém é mais usual o diretor trabalhar só nas suas funções e contratar um roteirista especializado para este tipo de filme. A acumulação de funções, nestes dois casos, é apenas uma medida mais prática e econômica.

Diretor de fotografia

Sua função básica é medir e estabelecer a intensidade da luz que incide sobre a cena e aplicar a quantidade de luz certa nesta ou naquela cena. Age sempre de comum acordo com o diretor. O diretor de fotografia deve dispor de uma grande variedade de fontes de luz. Trabalha com os seguintes instrumentos de medição de luz: kelvinômetro — mede a "temperatura" de cor da luz que vai incidir sobre a cena; fotômetro — mede a "intensidade" da luz que incide sobre a cena.

No Brasil, para baratear o custo do *set*, o diretor de fotografia desempenha também a função de operador de câmera.

Operador de câmera

É o homem do *set* responsável pela operação da filmadora de acordo com as instruções contidas no roteiro ou sob orientação do diretor. É comumente conhecido como “cinegrafista”.

Assistente de câmera

É quem monta a câmera sobre o tripé, troca lentes e mantém as baterias sempre carregadas. É o responsável pelo bom funcionamento, limpeza e conservação da câmera durante as filmagens.

Maquinista

Existem três tipos de maquinistas: o maquinista câmera, o eletricista e o de produção.

Maquinista câmera

Monta o tripé para o cinegrafista em todos os lugares necessários. Monta e desmonta também plataformas e trilhos onde é possível se fazer o *travelling*. Auxilia o assistente de câmera.

Maquinista eletricista

Auxiliar direto do eletricista do *set*, montando o tripé e colocando as luminárias e as plataformas para luz. Atua também como *caboman*, puxando, desembaraçando e ordenando todos os cabos e fiações.

Maquinista da produção

É o motorista da equipe, o faxineiro, o limpador do cenário, é o "carregador de malas" da produção. Responsável pela compra e pela distribuição de cafezinho, sanduíche, sucos e outros alimentos para a equipe.

Eletricista

Responde por toda a parte elétrica do *set*, tanto em consertos como em instalações. Pode trabalhar junto com o maquinista eletricista.

Diretor de produção

É o supervisor-geral. Coordena todas as atividades da filmagem. Marca as datas, os horários, fiscaliza cenários, figurinos e demais funções do *set*.

Produtor

É o membro mais importante (tem de ser) e mais dinâmico dentro do *set*. Ele escolhe e providencia todo o elenco, as locações, as roupas dos atores e demais objetos de cena; responsável pela alimentação da equipe, reserva de passagens e hotel. Monta a imagem (cenário e ator) que vai ser filmada. Trabalha sob as ordens do diretor de produção

Assistente de produção

Auxiliar direto do produtor em todas as obrigações durante as filmagens. É o secretário-geral do produtor.

Técnico de som

Geralmente o técnico de som desempenha três funções dentro do *set*. Às vezes tem de fazer as três ao mesmo tempo. É de sua responsabilidade operar o gravador, ser o microfonista e o operador de áudio. E, aqui, tornamos a repetir que esse acúmulo de funções é constante nos filmes brasileiros, o que mostra claramente a quantas anda o nosso cinema em termos financeiros e organizacionais. É bom ressaltar ainda que em cinema e em vídeo economia não gera qualidade.

Técnico de efeitos especiais

O próprio nome já diz o que faz este profissional. É o maior responsável por manter o espectador atento e interessado. Faz o "apelo visual" do filme. Cria e manipula as técnicas que fazem, por exemplo, um objeto voar, uma pessoa desaparecer repentinamente dentro da cena, uma flor murchar, uma explosão, um rosto se transformar ou um copo se partir ao meio sozinho. Trabalha no computador, com *softwares* (programas) específicos e muito avançados.

Maquiador

Modifica os traços originais do rosto, embelezando, envelhecendo ou rejuvenescendo cada ator ou atriz. É ele quem "faz" os monstros, as feridas ou as marcas de tiro dos profissionais que trabalham no filme.

Cabeleireiro

Faz o penteado do elenco, procurando sempre dar a melhor aparência a todos. O cabeleireiro pode acumular no *set* também a função de maquiador.

Cenógrafo

Cria, projeta e acompanha a montagem dos cenários onde se desenvolverá a ação do filme. É essencial, neste profissional, o bom gosto, o senso prático, a estética e algum conhecimento arquitetônico (não precisa necessariamente ser um arquiteto). Trabalha seguindo as exigências do roteiro e da produção.

Figurinista

Cuida basicamente do vestuário dos atores e atrizes. Escolhe e/ou desenha a roupa de todo o elenco. Faz a combinação de cores nas roupas, escolhe as jóias, os enfeites, os sapatos e os acessórios, adaptando-os ao gênero, aos costumes e às circunstâncias da época em que se desenrola a história. O figurinista é a pessoa do *set* cujo resultado do trabalho não aparece. Dificilmente num filme brasileiro são vistos detalhes como um pé, um sapato, uma calça ou uma saia. A camisa aparece uma ou duas vezes, no máximo, num filme de uma hora e meia, por exemplo.

O *set* de vídeo doméstico

As funções dos dois *sets* anteriores foram citadas para se ter uma idéia de como é formada uma equipe de filmagem num trabalho profissional de cinema ou vídeo. Agora vamos saber o que é e como funciona um *set* de filmagem em trabalhos de vídeo doméstico (VHS) em várias situações e eventos. O *set* em VHS não é necessariamente grande como o de cinema ou de comercial para TV; às vezes, nem pode ser chamado de *set* e sim de uma pequena equipe de filmagem que atua em forma e tamanho, de acordo com a situação.

O que veremos agora se refere apenas ao que é necessário se usar num *set* em várias situações de filmagem em VHS:

Casamentos

— uma ou duas câmeras;

— dois tripés de luz com luminárias fixas de 600 ou 1.000 watts, de acordo com o tamanho do local;

— um *caboman*;

— um responsável pela iluminação.

Aniversários

— uma câmera;

— uma luminária fixa (se tiver também uma luminária acoplável, ajuda bastante);

— um iluminador móvel que também pode funcionar como *caboman*.

Formaturas

— uma ou duas câmeras, sendo que uma fica fixa e a outra móvel;

— a quantidade de luminárias deve ser escolhida de acordo com o tamanho e as dimensões que o espaço exigir;

— dois *cabomen*.

Este *set* deve estar também presente na missa, na colação e no baile. Tire ou acrescente alguma função de acordo com as necessidades e a conveniência do evento.

Aniversários de 15 anos

— duas câmeras, uma fixa e a outra móvel;

— três a quatro luminárias de 600 ou 1.000 watts, conforme as condições de luz e tamanho do ambiente;

— um *caboman*, principalmente no baile. Usar sempre este mesmo *set* nas outras duas etapas, missa e baile.

Conferências

— só uma câmera e um iluminador;
— câmera no tripé, acompanhando e focalizando quem fala.

Shows musicais

— uma plataforma para fixar a câmera e o tripé de luz. A câmera, neste evento, deve ficar acima e por trás do público;
— um assistente de câmera;
— um eletricista, que também opera como iluminador, montador e instalador do *set*;
— dois *cabomen*.

Existem ainda outros *sets* que não convém citar aqui por serem realmente pequenos. Por exemplo, para se filmar um balé, um churrasco ou uma partida de futebol entre amigos, só são necessárias uma câmera e a luz ambiente.

Hoje em dia já existem câmeras de 1 lux e com *gain up* que dispensam muitas luzes. Há também potentes luminárias com bom poder de iluminação e acopláveis na filmadora, o que já dispensa a formação de uma equipe de iluminação em certas filmagens. Isso não significa que o *caboman* e o iluminador, em alguns casos, não possam colaborar, desde que as dimensões do evento necessitem de ambos. Muitas vezes, a filmagem é feita num ambiente muito grande, com um número enorme de pessoas, com muitas mesas e onde há a necessidade de muita luz em vários pontos e também duas câmeras, aí então se faz necessária uma boa equipe de apoio.

Em alguns casos, o iluminador só torna mais ágil a montagem, liga a luz à tomada e acende-a quando necessário. Por isso, os nossos *sets* de vídeo doméstico em VHS citados ajudam como base e modelos para se ter qualidade no produto final. Siga-os, se desejar, crie a partir deles, ou então faça o seu próprio *set* de acordo com as suas necessidades.

CONCLUSÃO

Vídeo é intuição, bom-senso e criatividade. A própria facilidade da linguagem VHS requer que seja assim. Mas pode haver um momento em que a dúvida aparece, e aí então entram as explicações deste livro para ajudá-lo. Quando você, leitor, estiver com uma câmera na mão, realizando qualquer produção, não se preocupe mais, nem se irrite com dúvidas e mais dúvidas, pegue este manual e consulte-o. Entenda bem cada capítulo e logo após pode partir para a experimentação. Dê uma especial atenção ao capítulo sobre iluminação e também experimente e crie vários efeitos de luz sob várias circunstâncias ambientais. Desenvolva a sua linguagem, adote uma maneira própria e uma postura de filmagem. Faça o seu próprio estilo. Lembre-se sempre da firmeza ao segurar a câmera na hora em que estiver filmando.

Na hora de passar a fita do filme feito por você, assista e coloque outras pessoas para assistirem também. Fique aberto às críticas e sugestões. Procure ouvir todos os espectadores, principalmente os mais críticos. Use também o seu próprio senso crítico e ponha tudo na balança. Isso lhe permitirá uma avaliação do trabalho sob vários aspectos e será uma valiosa contribuição que o ajudará nas próximas realizações.

Apesar do alto custo da aparelhagem, em especial as de marcas mais conhecidas, a qualidade é fundamental, pois vivemos na época da informatização e do videocassete. O resultado do trabalho, a boa recepção, a boa edição e a boa gravação em vídeo estão diretamente ligados à boa qualidade da aparelhagem usada.

Nos tempos de hoje, não há como fugir da predominância do vídeo em nossas vidas. As locadoras, as filmadoras compactas, as televisões só trabalham com vídeo e para o vídeo. Quem pode, quer ter um vídeo para gravar os seus programas da TV, assistir às fitas das locadoras ou adquirir uma filmadora para registrar os momentos importantes de sua vida.

O leitor pode ficar satisfeito, porque a indústria de vídeo doméstico já floresceu e se firmou. Existe naturalmente espaço para a televisão, o cinema e o vídeo doméstico coexistirem lado a lado; mas o VHS contagiou multidões e até que a televisão e o cinema melhorem, será o vídeo doméstico que estará sempre à frente e no coração de muita gente.

Boa sorte, filme bastante e boas produções!

GLOSSÁRIO DE TERMOS TÉCNICOS

— A —

Abertura — Imagens iniciais fortes que vão caracterizar o gênero, o tipo e a identificação com o público alvo. É o que coloca o espectador em contato com o conteúdo dramático e o clímax do filme.

AC/DC — O mesmo que "eliminador de bateria". Acessório pelo qual se liga o aparelho em uso à rede elétrica.

Acessórios — Material de apoio usado para funções extras de instalação e operação. Cabos, *plugs*, extensão de fios, etc.

Alcance — Compreende todos os segmentos da audiência na tevê e no cinema; até que tipo de público chega uma certa mensagem.

A.M. (Ante Meridian) — Horário da zero às 12 horas, usado no ajuste dos relógios em vídeos e filmadoras.

Ângulo da objetiva — Capacidade que uma lente objetiva tem de captar uma área ou um campo de filmagem.

Ângulos de câmera — Lugar em que a câmera é colocada em relação ao objeto que vai ser filmado.

Ângulo de visão — O mesmo que ângulo da objetiva. Abrange a área de visão horizontal e vertical da captação da filmagem. É o limite máximo que o visor da filmadora consegue captar na hora que se está filmando.

Apelo visual — Artifício usado de forma cômica, dramática ou sexual para prender a atenção do espectador a uma mensagem específica do filme.

Argumento — Rumo que a história do roteiro deverá tomar. Contém as principais indicações da história, tais como a localização e o perfil dos personagens. É o resumo de todo o roteiro. O argumento pode ser original ou adaptado de alguma obra literária. Em telenovelas ganha o nome de sinopse.

Assunto — Motivo principal da filmagem. Uma pessoa, um objeto ou um grupo de pessoas.

Áudio — Toda a parte sonora do filme. Compreende todas as músicas, os diálogos e os sons.

Automático — Recurso que permite à filmadora regular o foco e a luz por conta própria sem o auxílio de regulagem manual.

— B —

Bateria — Fonte geradora de energia para filmadoras. Objeto pelo qual se faz uma câmera funcionar sem o uso da rede elétrica. Dá mais comodidade e liberdade aos movimentos de quem filma. Geralmente são de 12 v e amperagem bastante alta.

BG (Background) — Sobreposição de qualquer som, música ou fita sonora que é colocada ao fundo ou por baixo do som principal do filme.

Bitola — É a largura da película magnética de uma fita. A medida é dada em número de polegadas (2", 1", 3/4 de pol.) ou em medidas métricas. A polegada é a medida usada em vídeo.

Blocos de cenas — Partes do roteiro onde está contida uma seqüência de cenas. Pode conter uma ou mais cenas. Quando se trata de capítulo de novela, minissérie ou teledrama, cada bloco fica entre dois intervalos comerciais.

Boom — Microfone para captação do som, sustentado por uma grande haste telescópica que pode ser aumentada ou diminuída, de acordo com as necessidades do momento da gravação do som. Fica sempre acima da cabeça de quem fala e tem o som unidirecional. Muito conhecido também como "girafa". Bastante usado em filmagens externas.

— C —

Cabeça — Texto de abertura. Muito usado em telejornais para colocar o espectador a par dos assuntos que serão desenvolvidos. Aparece nos roteiros como: cabeça *in*, quando o apresentador ou repórter aparece no vídeo; e cabeça *off*, quando o apresentador não aparece no vídeo e ouvimos apenas a sua voz.

CABEÇA DO TRIPÉ — Conjunto mecânico hidráulico montado entre o tripé e a filmadora e que está equipado com controle contra atrito e balanço.

CABEÇA DE GRAVAÇÃO — É a alma e o coração dos vídeos e das filmadoras. As cabeças ficam dentro dos aparelhos e são responsáveis pela gravação do áudio (som) e do vídeo (imagem). São dois tambores (*upper drum*) de VHS, com quatro cabeçotes, dois para velocidade SP, dois para EP, que totalizam quatro cabeças de vídeo e duas cabeças de áudio HI-FI. Normalmente, são duas cabeças de gravação embutidas num cilindro (*video drum*) que pode ser visto quando se abre o compartimento da fita.

CABOMAN — Homem que, dentro de um *set,* ajuda na condução, no desembaraço e na instalação dos cabos.

CABOS — São todos os fios.

CAMCORDER — Abreviatura de *Camera Recorder*. Câmera que grava, ou seja, a fita entra diretamente no corpo da filmadora sem precisar do vídeo portátil. São todas as nossas filmadoras atuais. Tem som direto e pode-se assistir nela própria o que foi filmado.

CÂMERA LENTA — Efeito no qual a imagem em movimento fica vagarosa no momento da projeção. Ritmo lento e regulável que mostra as pessoas andando como que flutuando.

CAMPO DE VISÃO — É o tamanho da área, em altura e largura, que se vê pelo visor da câmera. É determinado em função da distância da câmera e do assunto filmado.

CARACTERES — São letras que formam palavras, frases ou números, inseridos geralmente na abertura e no término do filme. As legendas são feitas com caracteres, e o aparelho usado é um gerador de caracteres.

CENA — Seqüência dramática com unidade de lugar e de tempo que pode ser feita de vários ângulos no momento da filmagem. Cada um desses ângulos pode ser chamado de plano ou tomada.

CHICOTE — É a panorâmica vertical ou horizontal, feita de uma forma brusca e rápida.

CHIP — Microcircuito integrado, montado em uma placa de silício.

CLÍMAX — Ponto culminante de uma ação dramática onde todo o suspense e toda a trama do roteiro partem para uma resolução.

CONECTAR — Ligar um *plug* ou a ponta de um cabo (macho) em algum terminal receptor (fêmea).

CONGELAMENTO DE CENA — É parar uma determinada cena no momento da projeção do vídeo, durante um certo tempo. Dá o mesmo efeito ótico da fotografia. Este recurso também pode ser usado para se perceber melhor uma ação, um gesto ou um detalhe.

CONSOLE — Lugar, numa câmera ou vídeo, onde está concentrado um certo número de chaves, teclas ou terminais.

COPIAR — Tirar as imagens de uma fita e passar para outra. Pode ser feita por meio de duas filmadoras ou de dois vídeos interligados.

CORTE DE EDIÇÃO — Feito com mesa de corte. Com ele, tira-se cenas desfocadas ou indesejáveis.

CORTE DE ROTEIRO — Passagem direta de uma cena para outra, sem escurecimento, desfoque ou outro recurso.

CRÉDITOS — São aquelas mensagens mostradas no começo e no final do filme onde aparecem o título, os nomes de todo o elenco, a equipe técnica, os personagens e os agradecimentos a pessoas ou empresas que contribuíram e colaboraram para a realização do filme.

— D —

DECODIFICADOR — O mesmo que TRANSCODER, aparelho que grava e/ou reproduz, contabilizando códigos (sistemas) de cor diferentes. O *transcoder* faz com que a gravação saia colorida. Por exemplo, NTSC + PAL-M com decodificador fica NTSC + NTSC ou PAL-M + PAL-M.

DECUPAR — Listar detalhadamente cada seqüência de cenas do roteiro para a execução da produção. Quem define a decupagem é o diretor. Com a decupagem, a produção monta todo o roteiro de gravação e inclui posições de câmera, duração de cenas, lentes, locações e movimentações dos atores.

DESFOCADO — Motivo embaçado, resultado de uma má operação na focagem manual ou automática da câmera.

DISPARADOR — Conhecido também como GATILHO. Botão onde se aciona a gravação de imagem e som na câmera. Geralmente se apresenta na cor vermelha.

DISTÂNCIA FOCAL — É a distância lógica do motivo, para frente ou para longe, e que permite a perfeita focagem e a conseqüente boa visualização do motivo principal.

DOLLY — É uma plataforma móvel que sustenta a câmera e se movimenta com rodas leves ou sobre trilhos. Movimenta a câmera de maneira uniforme e sem solavancos.

DUBLAGEM — Inclusão posterior de algum diálogo, narração, canto ou qualquer voz sobre a imagem filmada anteriormente.

— E —

EDIÇÃO ELETRÔNICA — Recurso automático que já vem nas filmadoras e que permite a passagem de uma cena para outra sem ruído ou qualquer interferência. Com este recurso, o corte sai perfeito toda vez que se grava sucessivamente uma nova cena.

EFEITOS ESPECIAIS — Técnicas fora do comum e impossíveis de serem feitas com uma câmera, vídeo ou por um ator. Um objeto voa, um corpo parte-se ao meio, uma flor murcha de repente, etc.

EIXO DE AÇÃO — Linha imaginária traçada exatamente no mesmo caminho que faz o ator, um veículo ou um animal em movimento. O motivo principal só pode se movimentar dentro dessa "linha" para que não saia do quadro do visor e desfoque a imagem na câmera.

ELENCO — Grupo de atores e/ ou atrizes de um filme qualquer. Só há elenco se houver um roteiro.

ENQUADRAMENTO — Colocação do assunto principal que se está filmando em relação às margens da imagem vista no visor.

EXTERNA — Diz-se das filmagens feitas fora dos estúdios; na rua, mar, florestas, rios, campos, parques, estádios, etc.

— F —

FADE-IN — Efeito onde a imagem surge gradualmente do claro para o escuro. Também se faz o *fade-in* no áudio.

FADE-OUT — Efeito onde a imagem surge gradualmente do escuro para o claro.

FOCAGEM — Colocação da imagem em condições de nitidez. É o resultado do ajuste manual ou eletrônico do foco.

FRAME — Corresponde a uma medida eletrônica. Um *frame* seria um fotograma, ou quadro, gravado magneticamente na fita. Trinta *frames* (quadros) correspondem a um segundo de imagens. Os impulsos elétricos para imantar (magnetizar) uma fita correspondem ao valor em ciclos por segundo. No Brasil, temos 60 ciclos por segundo, portanto, 30 *frames* num segundo. Nos Estados Unidos, são 50 ciclos por segundo, portanto, 25 *frames* num segundo. Daí uma das razões de incompatibilidade do sistema NTSC, norte americano, e o PAL-M, brasileiro.

FUSÃO — Quando uma imagem simultaneamente se sobrepõe a outra para mudar de cena. É um *fade-in* e um *fade-out* feitos ao mesmo tempo, ou seja, uma imagem desaparece, surgindo logo uma outra em seu lugar. O tempo é lento e calculado entre 1 e 2 segundos

— G —

GAIN-UP — Dispositivo que facilita um ganho de luminosidade e ajuda na filmagem em ambientes com pouca iluminação.

GANCHO — Expectativa que deve haver na resolução das cenas, dos blocos, no final dos capítulos das telenovelas, seriados e filmes para prender o espectador.

GÊNERO — Classificação e característica própria dos filmes: comédia, suspense, terror, etc.

GERADOR DE CARACTERES — Aparelho de vídeo, com teclado alfanumérico, que insere letras e números na filmagem, formando legendas, títulos e créditos. As legendas costumam aparecer em *gen-lock* (sobrepostas à imagem).

GRANDE-ANGULAR — Pequena lente que capta um campo de visão maior que o normal da câmera. A angulação abrange 180 graus e distorce a imagem. É também conhecida como olho de peixe.

GRAUS KELVIN — Unidade de medida de cor de uma fonte de luz.

GRAVAÇÃO EM OFF — O locutor grava uma certa história por trás da imagem e não é visto no vídeo. Grava em *off*.

GRUA — Grande equipamento com estrutura semelhante à de um guindaste em cuja plataforma é colocada a câmera para serem feitas tomadas em plano geral de paisagens e grandes agrupamentos de pessoas.

— H —

HI-FI (HIGH FIDELITY) — Circuito interno em filmadoras e vídeo que dá, na reprodução, uma ótima qualidade de som.

HIGH KEY — Iluminação feita com luz de alta intensidade, proporcionando poucas sombras e poucos contrastes.

HORA DE GRAVAÇÃO — Medida da quantidade de tempo e quantidade de fita rodada em uma filmagem.

HORÁRIO NOBRE — Período que corresponde aos maiores índices de audiência. Entre 20 e 23 horas.

— I —

ILUMINAÇÃO — Todo o conjunto de equipamentos e acessórios usado para iluminar a filmagem.

INSERT — Inserção rápida de imagem. Pode ser feita sucessivamente ou no lugar de uma cena indesejável. Num roteiro, os *inserts* podem ser variados ou repetidos, servindo, às vezes, de *plot* (núcleo dramático), ou algo que o simbolize.

INTERNAS — Cenas filmadas em qualquer interior (casa, auditório, hotéis, etc.). Diz-se também das cenas feitas dentro do estúdio.

INTERVALO — Em televisão, é comumente conhecido como "intervalo comercial". É o espaço reservado para anúncio das mensagens comerciais ou de patrocinadores.

— J —

JANELA — Abertura da câmera que determina os limites laterais, superiores e inferiores da imagem filmada.

— K —

KEY LIGHT — Luz chave ou luz principal. Ilumina a pessoa ou o objeto que está sendo filmado e a partir dela se fazem as compensações de sombra e criam-se efeitos de luz.

KNEE SHOT — O mesmo que "plano americano". É o enquadramento dos joelhos para cima.

— L —

LEI DOS TERÇOS — Regra em que se pode basear uma boa composição de imagem em terços (tanto na vertical como na lateral), em cujas linhas devem ser colocados os elementos principais. Seria centralizar o motivo principal dentro do quadro do visor na hora da filmagem.

LENTE — O mesmo que OBJETIVAS. Já vem nas filmadoras. Oferece um campo de visão semelhante ao da visão humana. Proporciona uma distorção mínima na imagem. As mais comuns nas filmadoras são 49 mm, 50 mm e 55 mm.

LENTE ZOOM — Lente de grande variação focal. Normalmente vem nas filmadoras como WIDE (de perto leva para longe), abrindo o ângulo de visão, e TELE (traz de longe para perto), fechando o ângulo de visão.

LETREIROS — O mesmo que CRÉDITOS e LEGENDA.

LOCAÇÃO — Ambiente interno ou externo criado dentro ou fora dos estúdios e determinado pela produção para a gravação das cenas ou seqüências.

LUZ DIFUSA — Iluminação suave proporcionada por uma fonte de luz indireta, ou seja, uma luz colocada junto, porém em um ângulo diferente da luz principal.

— M —

MESA DE CORTE — Unidade eletrônica operada por um diretor de imagens que seleciona imagens a serem gravadas ou para transmissão. Muito usada em unidades móveis (ônibus) para transmissão e gravação ao vivo.

MENSAGEM — Sentido social, político, filosófico, apelativo, violento ou qualquer outro que uma história pode conter.

MÍDIA — O mesmo que meios de comunicação de massa.

MIXAGEM — Processo de balanceamento do som. Ajuste dos níveis de som conforme a importância dentro da gravação. É feita com vozes, música, ruído e efeitos especiais.

MODO DE USO — Opção que se faz na filmadora para usá-la no automático ou no manual, ou entre usá-la na bateria ou na rede elétrica.

MONITOR — Aparelho de televisão de muito boa qualidade de imagem. É usado apenas no estúdio e normalmente não tem o canal de som, nem canais como num televisor comum. Monitora apenas a imagem para ser analisada e para se fazer ou não os cortes necessários. Pode ser alimentado por um sinal de vídeo vindo de uma câmera, da mesa de corte ou de qualquer outra origem.

MONTAGEM — O mesmo que edição. Montar as cenas de forma ordenada e lógica.

MOTIVO — Qualquer objeto, paisagem, animal, pessoa ou grupo de pessoas que está sendo filmado.

— N —

NARRADOR — Apresentador que descreve os fatos para um programa, telejornal ou documentário. Pode entrar em *in* (aparece no vídeo) ou em *off* (só a voz por cima de várias imagens), o que acontece geralmente nos documentários.

NTSC — Abreviação de NATIONAL TELEVISION STANDARD COMMITTEE, que é um sistema de codificação de cores para transmissões de TV, criado e desenvolvido nos Estados Unidos. É utilizado em vários países, entre eles Japão e Portugal.

— O —

OBJETIVA NORMAL — Lente que oferece um campo de visão quase igual ao da visão humana. Estas lentes proporcionam uma distorção mínima na imagem, quase imperceptível.

OBTURADOR — Dispositivo interno das filmadoras que, quando gira na velocidade predeterminada, controla a entrada de luz até o filme.

OFF — Informação dada por um narrador sem que a sua imagem apareça na tela. Qualquer personagem que fale sem estar em cena fala em *off*.

OHM — Medida de eletricidade que dá a unidade de resistência elétrica. É equivalente à resistência elétrica que existe entre dois pontos de um fio condutor. Essa equivalência gera uma diferença de potencial de 1 volt, aplicada entre esses dois pontos, produzindo assim nesse condutor uma corrente de 1 ampère.

OPERADOR DE ÁUDIO — Indivíduo que nos estúdios ou no *set* de filmagem controla toda a parte do som e faz as montagens de áudio, acrescentando música, efeitos sonoros, ruídos, locução e faz a mixagem final.

OPERADOR DE CÂMERA — É o mesmo que CINEGRAFISTA. Faz a captação das imagens no estúdio ou em externas.

ORIGINAL — O mesmo que fita matriz. A gravação original. A fita bruta que vai passar pelo processo de edição, cópia e reprodução.

— P —

PÁGINA — Unidade de um roteiro ou *script*. Todas as páginas devem ser numeradas e obedecer à ordem temporal e lógica da história.

PAL-M — Abreviação de PHASE ALTERNATE BY LINE — Fase alternada por linha. É o sistema de gravação em cor usado no Brasil. Foi desenvolvido na Alemanha Ocidental e é empregado na maioria dos países europeus. Existem pequenas variações como PAL-G, PAL-N, etc.

PANORÂMICA — É o movimento de câmera no sentido horizontal, da esquerda para a direita ou vice-versa. Existe também (embora usada muito raramente) a pan-vertical, feita de baixo para cima ou de cima para baixo. Existem velocidades próprias para se fazer uma panorâmica mais uniforme e segura. Pode ser feita em qualquer plano.

PÁRA-SOL — Tubo retangular ou redondo que se coloca na frente da lente objetiva para protegê-la da incidência direta de raios luminosos, originados fora da imagem (luzes que brilham em direção à câmera).

PASSAGEM — A passagem significa a mudança de ambiente, de tempo ou de modo de ação. Geralmente, busca-se uma analogia ou pontos comuns entre ambientes, épocas, etc.

PATROCÍNIO — Custeio total ou parcial de um programa por um anunciante. Apoio financeiro a um projeto esportivo, cultural ou à realização de um filme.

PELÍCULA — Faixa muito fina e magnetizada onde é feita a gravação da imagem e do som, simultaneamente. Fica dentro do estojo da fita.

PERSPECTIVA — Representação de uma imagem vista de uma determinada distância ou sob uma certo ponto de vista.

PGM — Abreviação de programa ou programação.

PLANOS — O mesmo que enquadramento, tomada, *take*. Devem ser escolhidos e feitos de acordo com um certo clímax ou expectativa que se quer dar a uma determinada cena ou contexto.

PLOT — Termo usado, em roteiro, para se dizer sobre o núcleo da história e o centro da ação.

P.M. (POST MERIDIAN) — Maneira de se representar as horas no período de meio-dia às 23h59 nos relógios de vídeos e filmadoras.

PONTO DE VISTA — Modo particular de se observar uma ou várias cenas. É um ângulo muito escolhido pelo diretor ou cinegrafista para filmar uma determinada cena. O termo também é usado na conceituação de câmera subjetiva. Num passeio de barco, por exemplo, quando a filmagem é feita com a câmera posicionada no mesmo lugar onde normalmente estaria o passageiro vendo a paisagem, obtém-se daí uma imagem do ponto de vista do passageiro. A câmera focaliza e sugere o que vêem os olhos do passageiro.

PÓS-PRODUÇÃO — Processo feito depois de realizada toda a filmagem, com ou sem elenco, e que engloba edição, sonorização, efeitos especiais. É onde o filme recebe um tratamento mais lógico e dinâmico.

PRODUÇÃO — Procedimentos finais que devem ser tomados na preparação dos detalhes necessários para se fazer um filme.

PRODUTO — Resultado da direção, da produção e da pós-produção.

PRODUTO FINAL — Trabalho já pronto, todo corrigido, editado e ordenado na versão original para ser apresentado ao espectador.

PROFUNDIDADE DE CAMPO — Espaço em profundidade ao longo do qual a nitidez (foco) é aceitável na imagem. Geralmente, costuma-se dizer que é o que está atrás (segundo plano) do motivo principal, seja objeto ou pessoa.

— Q —

QUADRO — O mesmo que FRAME. É a cena vista dentro da proporção simétrica da tela que a está projetando.

QUADRO A QUADRO — Filmagem de cada quadro separadamente, ou seja, fotograma por fotograma.

QUADRO PARADO — O mesmo que PAUSE/STILL. Imagem congelada.

— R —

REBATEDOR — Equipamento de iluminação utilizado para rebater a luz emitida pelos refletores ou pelo Sol fazendo-a incidir diretamente sobre o motivo principal que está sendo filmado. A luz do rebatedor é uma luz de "compensação".

REPLAY — Repetição de um trecho do filme ou de uma só imagem. Pode ser feito em câmera lenta ou na velocidade normal.

RF (RÁDIO FREQÜÊNCIA) — Cabos e terminais do mesmo nome que, quando ligados entre si, produzem a imagem e o som e os enviam à TV para serem reproduzidos.

RITMO — Cadência, continuidade e harmonia de uma seqüência ou bloco de cenas de um roteiro.

ROTEIRO — Forma escrita, ordenada e objetiva de cenas, seqüências, diálogos e indicações técnicas do filme.

RUBRICA — Pequenas observações técnicas colocadas no roteiro, entre parênteses e antes dos diálogos, indicando a reação e a mudança de ânimo, de tom, de voz e as pausas. Servem de base para o diretor sugerir algumas nuances e gestos dos atores.

RUÍDO — Em vídeo, "ruído" está diretamente ligado à imagem e não ao som. Significa interferências, chuviscos, faixas e pequenos pontos na imagem quando reproduzida.

— S —

SAÍDAS (OUT) — Terminal por onde se envia, de um aparelho a outro, a imagem e o som para serem reproduzidos. São denominados de RCA, BNC e devem ser conectados no terminal IN (entrada) de outro aparelho.

SAPATILHAS — Dispositivo que fica acima da empunhadura da filmadora e que serve para colocar luminária apropriada, com ou sem fios.

SATURAÇÃO — Elevado nível de cor que provoca uma mancha na tela. Quando a tecla ou botão SATURAÇÃO é girado na televisão, todas as cores ficam muito fortes e sem fidelidade.

SCRIPT — Antiga denominação dada aos roteiros das novelas radiofônicas.

SEQÜÊNCIA — Quantidade de cenas que se relacionam entre si, de forma lógica, dentro de um roteiro. É uma seção contínua e sucessiva de ações, fatos e dramas que acontecem numa mesma localização.

SINOPSE — Resumo de toda a história do roteiro, escrito em 20 ou 25 linhas no máximo. No cinema é conhecido como ARGUMENTO.

SINTONIA — É o ajuste feito na tecla correspondente para se achar e melhorar a recepção de um canal qualquer na TV.

SLOW MOTION — Efeito mais conhecido como CÂMERA LENTA, onde a velocidade normal de reprodução do filme fica mais lenta.

SOBREEXPOSIÇÃO — Reprodução excessivamente brilhante de um objeto que, em caso extremo, se transforma numa área branca, sem pormenor algum. Acontece quando há muita luz, sem equilíbrio, sobre o que está sendo filmado.

SOM DIRETO — Som que é gravado ao mesmo tempo em que a ação está acontecendo. O som direto é gravado em aparelho de precisão, sincronizado com a filmadora.

STANDARDS — Alguns modelos ou padrões que se podem seguir, copiar, alterar, modificar ou desprezar.

STORY-LINE (linha da história) — Síntese da linha e do rumo que a história deve seguir. É sempre determinada pelo roteirista.

STORYBOARD (quadros da história) — É todo o roteiro com suas cenas desenhadas em quadrinhos. Serve de orientação para a produção ver como montar uma determinada cena e também para o diretor ver todas as cenas prontas e, a partir daí, então, determinar os planos, os ângulos e as tomadas principais.

SUBEXPOSIÇÃO — Reprodução excessivamente escura de um objeto ou pessoa (filmado com pouca luz), que, em casos extremos, se transforma numa área negra, sem pormenores.

SUSPENSE — É a ação ou o diálogo que sugere uma emoção ou algo chocante, temível e decisivo. Pode ser também um gênero de roteiro.

— T —

TAKE — É a filmagem de cada segmento das ações dos atores. Toda vez que se liga a filmadora, aponta-se para um motivo e grava-se, faz-se um *take*. É o mesmo que TOMADA.

TAPE — O mesmo que FITA. Não confundir com "película". No cinema, o *tape* é o "rolo do filme" e no vídeo é a fita K7 normal.

TECLAS — São cada uma das peças do vídeo, da filmadora ou de qualquer aparelhagem que, quando acionadas, põem em funcionamento uma função correspondente.

TELEOBJETIVAS (captam o que está longe) — São lentes que possuem grande distância focal e, conseqüentemente, menor abertura angular do que as objetivas normais. A teleobjetiva mais conhecida é a *zoom*.

TEMPERATURA DE COR — Qualidade da cor, originária de uma fonte de luz (refletor, Sol, vela, lâmpadas incandescentes, etc.), medida em graus Kelvin. Para se reproduzir qualquer cor com fidelidade, as características de cor da filmadora e da luz existente no momento da filmagem devem corresponder entre si.

TERMINAIS — Peças fixas colocadas no console frontal ou traseiro dos vídeos e diversas aparelhagens onde são conectados os cabos.

TOMADA — Ver *take*.

TRANSCODIFICAÇÃO — É o ajuste feito na aparelhagem (importada) para que o código de cor do país origem seja igualado ao padrão de cor do país de onde está sendo usada. No Brasil, o sistema de cor é PAL-M. Nos Estados Unidos e no Japão, de onde procede a maior parte dos vídeos e filmadoras do mundo inteiro, o sistema de cor usado é o NTSC. Se a transcodificação não for feita, vai sair a imagem, só que em preto-e-branco.

TRAVELLING — Plano feito com a câmera em deslocamento acompanhando um objeto, personagem ou veículo, também em movimento. Profissionalmente, o *travelling* costuma ser feito com a câmera posicionada sobre um carrinho denominado *dolly*. Pode ser feito também com o cinegrafista caminhando paralelamente ao motivo que está sendo filmado. Neste caso (fazendo sem *o dolly*), deve-se tomar cuidado com os solavancos, tropeços e tremidos na câmera que possam vir a acontecer durante as filmagens.

TRILHA SONORA — Sons colocados no filme, no processo de pós-produção, e provenientes de locução, ruídos, músicas, efeitos sonoros, etc., todos devidamente balanceados.

TRIPÉ — Acessório portátil onde a filmadora fica acoplada e fixa. É muito utilizado para se fazer panorâmicas, tornando esses movimentos de câmera mais precisos, firmes e uniformes.

TUBO DE CÂMERA — Componente eletrônico localizado na parte interna da filmadora e que tem como finalidade transformar a imagem produzida pela objetiva em sinal de vídeo. Este sinal é enviado ao visor.

TV — Abreviatura de televisão (tanto o aparelho quanto a emissora).

— V —

VERSÃO — É uma nova "roupagem" dada a um filme já produzido ou a um texto já escrito. É a adaptação sob um novo ponto de vista, com mudanças no que diz respeito aos personagens, tempo, ação, elenco, diálogos e sons.

VIDEOMAKER — Todo aquele que realiza e/ou produz em vídeo.

VIDEOTAPE (qualquer aparelho gravador e/ou reprodutor de fitas) — Grava os sinais de vídeo e áudio. O sinal pode ser gerado tanto por uma câmera quanto por uma TV ou outro vídeo. É o mesmo que VTR ou VCR que é o popular aparelho de videocassete.

VINHETA — Propaganda de curta duração (aproximadamente cinco segundos) que é muito utilizada para abrir ou encerrar programas, anúncios, patrocínios. Pode ser inserida também entre *breaks* e no encerramento dos blocos das novelas, das partes dos filmes de TV. A vinheta pode ou não ser feita com trilha ou efeitos sonoros.

VISOR — É o dispositivo da câmera pelo qual as imagens são vistas. Pelo visor, observa-se tudo que pode ou não ser gravado e tem-se uma noção dos limites visuais da cena.

VTR — VIDEO TAPE RECORDER — O mesmo que videocassete.

— W —

WATTS — Unidade de potência eletrônica.

WHITE BALANCE (balanço do branco) — Recurso que, quando devidamente ajustado, permite uma total fidelidade das cores. Deve ser feito em qualquer superfície totalmente branca.

— Z —

ZOOM — Objetiva de distância focal variável. Já vem em toda *camcorder* com indicações de sua capacidade máxima, representados por meio dos números 6x (seis vezes), 8x, 10x e 12x. Aproxima ou distancia a imagem de objeto, pessoas e qualquer detalhe.

APÊNDICE

ALGUNS COMENTÁRIOS SOBRE O MERCADO DE TRABALHO E A SITUAÇÃO DO CINEMA E DO VÍDEO NO BRASIL

Este apêndice é uma breve amostragem da situação do vídeo, do cinema e da televisão no Brasil.

É um resumo baseado na realidade e serve como reflexão para quem quer se aventurar no mercado de trabalho, ou ser apenas um mero observador da situação do vídeo, do cinema e da televisão no Brasil.

Livros

Em nossos cursos e pesquisas para a elaboração deste livro constatei a queixa geral das pessoas e dos alunos em relação aos livros já escritos para a área de vídeo e em especial para filmagem. Esses livros, em geral, são escritos só para profissionais, falam pouco da linguagem de videocassete e têm o conteúdo exclusivamente voltado para se fazer um filme de cinema 35 mm. Constatamos também que 90% dos usuários que adquirem uma filmadora o fazem por vontade de registrar apenas situações interessantes do dia-a-dia como festas, família, passeios, férias e outros dessa natureza. Esses usuários não têm a pretensão de fazer um filme de cinema, muito menos um competitivo para cinema ou vídeo. Fica evidente, nesse caso, que livros com esses conteúdos específicos para o cinema profissional não interessam a esse tipo de leitor; ele vai deixar de lado o livro e partir para a prática por conta própria e por intuição, adquirindo, desse modo, muitas posturas desaconselháveis e conceitos errados de como se filmar satisfatoriamente.

O resultado, então, é uma lacuna bibliográfica desta matéria, e a conseqüência será mais gente filmando por intuição, mais amadorismo, gerando um mercado de trabalho despreparado e deficiente.

Cursos

Constatei em relação aos cursos de vídeo que eles carecem de boa didática, melhor preparo nos currículos e mais experiência dos instrutores. Esses cursos, na verdade, anunciam-se como sendo "cursos de vídeo", mas só ensinam a filmar. Qualquer pessoa com um pouco de prática em filmagem e com um senso comercial anuncia que vai dar um curso de filmagem. É de grande importância um currículo sensato e instrutores treinados. Isso será vantajoso para as pessoas que procuram esses cursos de vídeo em busca de conhecimento e informações.

Mercado de trabalho (vídeo doméstico)

Não existe mercado de trabalho para o vídeo doméstico VHS. Quem trabalha com o VHS tem como opções de renda os casamentos, os aniversários e alguns outros eventos. A disputa por clientes é acirrada, e as diferenças de preços são discrepantes. O grande número de pessoas anunciando serviços de filmagem exige cuidado na procura.

Nenhuma importância é dada ao VHS para o uso mais profissional. Costuma-se definir o videasta de VHS como um amador. Mas ressaltamos que em linguagem de vídeo o que se define como profissional ou amador é a qualidade do produto final apresentado ao espectador.

O VHS é um sistema doméstico muito bom. Tem uma qualidade satisfatória para o fim a que se destina. Dentro dos seus limites e recursos de vídeo doméstico, há possibilidades de se fazer ótimas produções, filmagens, reproduções, cópias e até trabalhos competitivos de qualidade.

O cinegrafista e o pessoal de apoio da área profissional são normalmente escolhidos de maneira nada criteriosa. O sistema seletivo geralmente usado é o da amizade e o do clientelismo. O conhecimento por meio da prática e a intuição são suas verdadeiras escolas. Trabalhar com vídeo profissional não é difícil. O difícil é ter uma oportunidade nesse meio e conseguir empregar-se.

Raros são os cursos de especialização para as áreas de cinegrafista, roteirista, maquinista, continuísta, assistente de câmera, etc. Cursos especializados e treinamento de pessoal seriam de extrema valia para a qualidade dos trabalhos em vídeo, e por conseqüência o público prestigiaria mais as produções em vídeo e cinema nacionais.

Roteiristas

Quase todo roteirista brasileiro costuma ser um escritor ou poeta que se aventura pelos lados do cinema, vídeo ou teatro. Parece, às vezes, que seguem as mesmas linhas de raciocínio. Os roteiros contêm sempre os mesmos ganchos, clichês e planos de câmera. É bastante freqüente o uso dos artifícios da apelação visual para se obter sucesso e lucro. O sexo, a violência, as drogas e a traição conjugal viraram rotina nos roteiros. Na ótica deles, se não tiver relação sexual, pancadaria, traição ou alguém se drogando, supõe-se que o sucesso não será certo. Seria muito mais sensato uma sugestão dessas situações. O excesso de *closes* nos roteiros também é abusivo.

Novelas e apelo visual

As novelas exploram muito as mesmas situações, os mesmos diálogos e caem sempre na "mesmice". O objetivo maior é quase sempre anestesiar o telespectador e convencê-lo a aceitar passivamente uma situação.

As drogas e o sexo são a tônica principal das tramas de novelas. A intenção das emissoras é conseguir, pelo trabalho dos roteiristas e dos diretores, audiência e ibope a qualquer custo. Por isso, não estão preocupados com a qualidade da imagem e com o conteúdo que irão colocar no ar para o telespectador assistir.

Os diretores só se preocupam com os diálogos e as expressões faciais, saturando e abusando dos *closes* e do primeiro plano. Devido aos exageros nesses planos de filmagem, dificilmente aparece o trabalho que o cenógrafo faz, o trabalho do figurinista ou um detalhe interessante.

Quem escreve ou dirige novelas no Brasil esquece de que a era das novelas de rádio acabou. O recurso usado não é mais o som e sim as imagens. E são elas que devem passar as informações ao telespectador, por isso, devem ser mostradas com responsabilidade e competência.

Festivais

Os festivais de vídeo ainda são muito pouco freqüentes no Brasil e quando acontecem, de modo geral, os frutos são para os organizadores que nem sempre são do meio e muitas vezes selecionam os filmes por critérios pouco claros. Então, em última análise, o sucesso financeiro do negócio atrai mais que a qualidade das produções apresentadas.

A respeito do nosso cinema 35 mm, o que sobrou ficou restrito aos festivais e esporadicamente a mostras culturais. Quando ocorre um festival de cinema nacional, as salas lotam, mas tão logo esse festival acaba, as salas esvaziam-se.

Como a preferência do brasileiro é pelos filmes estrangeiros, as locadoras oferecem poucos títulos nacionais. Algumas até nem se arriscam a tê-los em seus acervos.

Manipulação da imagem

De acordo com nossas observações durante os trabalhos de pesquisa, troca de informações e experiências na área de vídeo e cinema, constatamos a força que tem uma mensagem passada por meio de imagens. A informação e a tecnologia do vídeo, unidos à televisão, têm um fantástico poder de sedução e convencimento popular. Sabendo disso, as pessoas que têm o monopólio das informações direcionam a nossa atenção para onde bem quiserem.

Os editores, nas eleições, por exemplo, usando as mesas de edição e corte e ilhas supersofisticadas, apresentam a informação do jeito que mais lhes convier. É claro que pode entrar aí também um "dedo" do dono da emissora. Quando se quer um candidato no poder, tudo que existir contra ele será cortado; tudo que estiver a favor, mesmo sendo ínfimo, será preservado e repetido maciçamente até se achar que houve um convencimento geral. Alguns programas de entrevistas em televisão, quando desejam contribuir com esse quadro, convidam um candidato da situação e deixam-no falar livremente por um longo tempo. O da oposição é constantemente interrompido com brincadeiras, piadas e tem o seu tempo reduzido.

Caro leitor, chamamos sua atenção para as intenções e as informações que propositadamente se escondem atrás das imagens.

Quanto ao mercado de trabalho e à produção de filmes, quando for precisar de alguma informação e conhecimento, considere a experiência e a ética do profissional, e seja bastante seletivo e crítico nesse aspecto.

Fique atento. Bons estudos. Pratique bem o que aprender e boas produções.

BIBLIOGRAFIA

ALMEIDA, Cândido José Mendes de. *O que é vídeo*. São Paulo, Nova Cultura, Brasiliense, Coleção Primeiros Passos, 1985.

CAGE, Leighton David e MEYER, Cláudio. *O filme publicitário*, 2ª ed. São Paulo, Atlas, 1991.

CHESSHIRE, David. *Manual del vídeo aficionado*. Barcelona, Ediciones CEAC, 1983.

CHION, Michel. *O roteiro de cinema*. São Paulo, Martins Fontes, 1989.

EQUIPE JATALON. *Manual do vídeo*. São Paulo, Summus, 1991.

LENK, John D. *Manual completo do videocassete: manutenção e funcionamento*. São Paulo, Hemus Editora Ltda., 1989.

MILLERSON, Gerard. *Video camera techniques*, 5ª ed. Londres e Boston, Focal Press, 1985

NINCE, Uvemar Sidney. *Sistemas de televisão e vídeo*. Rio de Janeiro, LTC, 1988.

PEREIRA, Paulo Antonio. *Imagens do movimento: introduzindo ao cinema*. Petrópolis, Vozes, 1981.

PETZOLD, Paul. *Guia prático da iluminação em fotografia*. Brasil, Martins Fontes,1979

REIS, Maurício Caruzo. *Videocassete: teoria e assistência técnica*. São Paulo, Petit Editora, 1987.

REY, Marcos. *O roteirista profissional*. São Paulo, África, 1989.

ROSE, W. Frederic. *Shooting video*. Stoneham, Butterworth Publishersk, 1984.

SABOIA, Jackson. *Manual do autor roteirista*. Rio de Janeiro, Record, 1992.

SERRA, Floriano. *A arte e a técnica do vídeo: do roteiro à edição*. São Paulo, Summus,1986.

UTZ, Peter. *Video User's handbook*. New Jersey, Spectrum Book, 1980.

Impressão e acabamento:

QUICK PRINTER
IMPRESSOS RÁPIDOS

Setor de Indústrias Gráficas Q. 2 nº 460 - Parte A - CEP 70610-400
Brasília-DF - Fones (061) 224-7778/224-7756 - Fax (061) 224-1895